SV

Band 563 der Bibliothek Suhrkamp

Konstantin Paustowskij
Erzählungen vom Leben

Auswahl, Übersetzung und Nachwort
von Wolfgang Kasack

Suhrkamp Verlag

Die Originaltexte erschienen 1936-1959 und sind nach Sobranie sočinenij v šesti tomach, Bd. 2-6, Moskau 1957-1958, und Izbrannoe, Moskau 1961, übersetzt.

9. bis 11. Tausend 1988

Druck: Nomos Verlagsgesellschaft, Baden-Baden
Printed in Germany

Inhalt

Das Telegramm

Der Oktober war ungewöhnlich kalt und regnerisch. Die Schindeldächer wurden schwarz.
Das Gras im Garten lag flach und unordentlich am Boden, und einzig und allein eine kleine Sonnenblume am Zaun gab sich Mühe, ihre Blütenblätter zu entfalten, aber sie schaffte es nicht und kam nicht so weit, ihre Kerne auszustreuen.
Wolkenfetzen kamen von der anderen Seite des Flusses über die Wiesen gezogen und klammerten sich an die entlaubten Silberweiden. Sie brachten pausenlos Regen.
Auf den Wegen war schon kein Durchkommen mehr, weder zu Fuß noch zu Wagen, und die Hirten hatten aufgehört, ihre Herden auf die Wiesen zu treiben.
Das Hirtenhorn war bis zum Frühjahr verstummt. Katerina Petrowna fiel es noch schwerer, morgens aufzustehen und immer dasselbe Bild vor Augen zu haben: die Zimmer, in denen sich der bittere Geruch der ungeheizten Öfen festgesetzt hatte, die verstaubten Bände des »Westnik Jewropy«, die vergilbten Tassen auf dem Tisch, den seit langem nicht geputzten Samowar und die Bilder an den Wänden. Vielleicht war es in den Zimmern zu dunkel, vielleicht hatte auch bei Katerina Petrowna der graue Star angefangen oder die Bilder selbst waren im Laufe der Zeit so trübe geworden, jedenfalls konnte sie darauf nichts Näheres ausmachen. Katerina Petrowna wußte nur aus der Erinnerung heraus, daß dies hier ein Porträt ihres Vaters war, jenes dort, das

kleine, in dem goldenen Rahmen, ein Geschenk von Kramskoj, eine Skizze zu seiner »Unbekannten im Samtpelz«.

Katerina Petrowna verlebte den Rest ihrer Tage in dem alten Haus, das ihr Vater, ein bekannter Maler, gebaut hatte.

Im Alter war der Maler aus Petersburg in sein Heimatdorf zurückgekehrt, hatte zurückgezogen gelebt und sich mit seinem Garten befaßt. Er hatte schon nicht mehr malen können: die Hand zitterte, auch hatte die Sehkraft nachgelassen und die Augen schmerzten oft.

Katerina Petrowna nannte das Haus eine »Gedächtnisstätte«. Es stand unter Denkmalschutz und wurde vom Bezirksmuseum betreut. Aber was aus dem Haus werden sollte, wenn sie, seine letzte Bewohnerin, sterben würde, das wußte Katerina Petrowna nicht. Im Dorf selbst – es hieß Saborje – lebte keiner, mit dem sie über die Bilder hätte sprechen können, über das Leben in Petersburg oder über jenen Sommer, als sie mit ihrem Vater in Paris gelebt und an Viktor Hugos Beisetzung teilgenommen hatte.

Zu Manjuschka konnte man darüber nicht sprechen, zu der Tochter des Nachbarn, des Kolchosschusters, einem kleinen Mädchen, das jeden Tag vorbeikam, um Wasser aus dem Brunnen zu holen, den Fußboden zu fegen und Tee im Samowar aufzugießen.

Katerina Petrowna schenkte Manjuschka für ihre Dienste zerknitterte Handschuhe, Straußenfedern oder einen schwarzen Hut mit Glasperlen.

»Was soll ich damit?« pflegte Manjuschka dann mit ihrer heiseren Stimme zu fragen und zu schniefen. »Bin ich denn eine Lumpensammlerin?«

»Verkauf es doch, meine Liebe«, flüsterte Katerina Petrowna. Es war schon ein Jahr, daß sie vor Schwäche nicht mehr laut sprechen konnte. »Verkauf es doch.«
»Ich gebe es zum Altmaterial«, entschied dann Manjuschka, packte alles ein und ging.
Ab und an schaute Tichon, der Wächter vom Spritzenhaus, herein, ein hagerer, rothaariger Mann. Er erinnerte sich noch daran, wie Katerina Petrownas Vater aus Petersburg eingetroffen war, das Haus gebaut und das Anwesen angelegt hatte.
Tichon war damals ein kleiner Junge gewesen, aber seine Verehrung gegenüber dem alten Künstler hatte er sich sein Leben lang bewahrt. Bei einem Blick auf die Bilder brachte er mit einem Seufzer laut hervor:
»Naturgetreue Arbeit!«
Tichon versuchte oft aus Mitleid, sich nützlich zu machen, ziemlich sinnlos, aber es war immerhin eine Hilfe im Haushalt: er fällte im Garten abgestorbene Bäume, zersägte sie und spaltete sie zu Brennholz. Und jedesmal hielt er beim Fortgehen in der Tür inne und fragte:
»Katerina Petrowna, was hört man denn von der Nastja, schreibt sie oder schreibt sie nicht?«
Katerina Petrowna schwieg, saß zusammengekrümmt und ganz klein auf dem Sofa und suchte die ganze Zeit in ihrem bräunlichen Lederridikül in irgendwelchen Papieren herum. Tichon trat auf der Schwelle von einem Fuß auf den anderen und schneuzte sich umständlich.
»Je nun«, sagte er, ohne eine Antwort abzuwarten. »Ich werde wohl gehen, Katerina Petrowna.«
»Ja, geh nur, Tischa«, flüsterte Katerina Petrowna. »Geh nur, Gott mit dir!«

Er ging hinaus, schloß vorsichtig die Tür, und Katerina Petrowna fing leise an zu weinen. Draußen pfiff der Wind in den kahlen Zweigen und riß die letzten Blätter ab. Die Petroleumlampe auf dem Tisch zitterte. Sie schien das einzige lebendige Wesen in dem verlassenen Haus zu sein – ohne dieses schwache Licht hätte Katerina Petrowna auch nicht gewußt, wie sie den Morgen noch hätte erleben können.
Die Nächte waren lang und schwer wie Schlaflosigkeit. Das Morgengrauen zögerte immer mehr, schob sich immer mehr hinaus und drang zögernd durch die ungeputzten Fensterscheiben, wo seit dem vorigen Jahr zwischen den Rahmen auf der Dichtungswatte noch ein paar Blätter lagen, einst gelb und herbstlich, nun aber verdorrt und schwarz.
Nastja, ihre Tochter und einzige Verwandte, lebte weit weg in Leningrad. Vor drei Jahren war sie zum letzten Mal hier gewesen.
Katerina Petrowna wußte, daß Nastja der Sinn jetzt nicht nach ihr, der alten Frau, stand. Sie, die jungen Leute, haben ihre eigenen Angelegenheiten, ihre unverständlichen Interessen, ihr Glück. Da sollte man nicht stören. Darum schrieb Katerina Petrowna der Nastja sehr selten, war aber alle Tage mit ihren Gedanken bei ihr, wenn sie auf der Kante des durchgesessenen Sofas so leise hockte, daß eine Maus, von der Stille getäuscht, hinter dem Ofen hervorkam, sich auf die Hinterpfoten stellte und lange mit schnuppernder Nase die abgestandene Luft prüfte.
Auch Briefe kamen von Nastja nicht, doch alle zwei, drei Monate brachte der fröhliche junge Briefträger Wassilij Katerina Petrowna eine Überweisung von 200

Rubeln. Vorsichtig führte er Katerina Petrowna die Hand, wenn sie unterschrieb, damit sie ihre Unterschrift nicht an eine falsche Stelle setzte.
Wenn Wassilij fortgegangen war, saß Katerina Petrowna verwirrt, mit dem Geld in der Hand, da. Dann setzte sie die Brille auf und las ein paar Mal die wenigen Worte auf der Postanweisung. Es waren immer dieselben: so viel zu tun, keine Zeit für einen Besuch, nicht einmal für einen richtigen Brief.
Katerina Petrowna nahm die etwas zerknüddelten Geldscheine behutsam in die Hand. In ihrem Alter war ihr nicht klar, daß es ja durchaus nicht dieselben Scheine waren, die Nastja in der Hand gehalten hatte. Ihr kam es so vor, als röchen sie nach Nastjas Parfum.
Einmal, Ende Oktober, in der Nacht, klopfte jemand an die schon viele Jahre vernagelte Pforte am Ende des Gartens.
Katerina Petrowna geriet in Aufregung, wand sich umständlich ein warmes Tuch um den Kopf, zog einen alten Umhang über und verließ zum ersten Mal in diesem Jahr das Haus. Sie ging langsam, tastend. Von der kalten Luft schmerzte ihr Kopf. Längst vergessene Sterne schauten durchdringend auf die Erde. Laub hinderte sie beim Gehen.
An der Pforte fragte Katerina Petrowna leise:
»Wer da?« Doch es kam keine Antwort von der anderen Seite des Zaunes. »Ich muß mir das wohl eingebildet haben«, sagte Katerina Petrowna und schleppte sich mühsam zurück.
Sie bekam schwer Luft, blieb an einem alten Baum stehen, hielt sich mit der Hand an einem kalten feuchten Zweig fest und begriff: das war der Ahorn. Sie hatte ihn

vor langer Zeit gepflanzt, noch als fröhlich-kicherndes Mädchen, nun aber stand er da, ohne Laub, verfroren, er konnte dieser unwirtlichen, windigen Nacht nirgendwohin entkommen.
Katerina Petrowna tat der Ahorn leid, sie berührte seinen schrundigen Stamm, schlurfte bis ins Haus und schrieb in dieser Nacht Nastja einen Brief.

»Mein Herzenskind«, schrieb Katerina Petrowna. »Diesen Winter werde ich nicht überleben. Komm her, und sei es für einen Tag. Laß mich dich anschauen, deine Hände halten. Alt bin ich geworden und schwach, so sehr, daß mir nicht nur das Gehen schwerfällt, sondern sogar das Sitzen und das Liegen. Der Tod hat den Weg zu mir vergessen. Der Garten verdorrt – ist schon gar nicht mehr wie früher –, ich kann ihn ja auch nicht mehr erkennen. Der Herbst ist diesmal schlimm. Es ist so schwer; das ganze Leben war wohl nicht so lang wie dieser Herbst allein.«

Manjuschka schniefte und brachte den Brief zur Post, lange war sie damit beschäftigt, ihn in den Briefkasten zu stopfen, versuchte hineinzuschauen, was denn da drin sei. Aber da drin war nichts zu sehen, nur blecherne Leere.

Nastja war Sekretärin im Verband bildender Künstler. Sie hatte viel zu tun. Organisation von Ausstellungen und Wettbewerben – all das ging durch ihre Hände. Katerina Petrownas Brief bekam Nastja im Dienst. Sie steckte ihn ungelesen in ihre Handtasche und beschloß, ihn nach der Arbeit durchzulesen. Die Briefe von Katerina Petrowna riefen bei Nastja einen Seufzer der Erleichterung hervor: die Mutter schreibt – also ist sie am Leben. Doch zugleich setzte mit diesen Briefen eine dumpfe Unruhe ein, als ob jeder ein stummer Vorwurf sei.

Nach der Arbeit mußte Nastja in die Werkstatt des jungen Bildhauers Timofejew gehen, um nachzusehen, wie er wohne, und darüber der Verbandsleitung zu berichten. Timofejew hatte sich über die Kälte in seiner Werkstatt beklagt und überhaupt darüber, daß man nichts für ihn tue und ihm keine Entwicklungsmöglichkeiten gebe.

Auf einem Treppenabsatz holte Nastja einen kleinen Spiegel heraus, puderte sich und lächelte, jetzt gefiel sie sich selbst. Die Künstler nannten sie Solweig, weil sie rote Haare und große kühle Augen hatte.

Die Tür machte ihr Timofejew selbst auf, klein, entschlossen und böse. Er hatte einen Mantel an. Um den Hals war ein riesiger Schal gewickelt, und an seinen Füßen entdeckte Nastja Filzüberschuhe, wie sie sonst Frauen tragen.

»Behalten Sie bloß den Mantel an«, fuhr Timofejew sie an. »Hier erfriert man auch im Pelz. Kommen Sie herein!«

Er führte Nastja einen dunklen Flur entlang, stieg ein paar Stufen hoch und öffnete ihr eine schmale Tür zu seiner Werkstatt.

Von dort roch es nach Petroleum. Am Boden blakte neben einem Faß mit feuchtem Ton ein Petroleumkocher. An den Wänden standen mit feuchten Tüchern verhängte Skulpturen. Hinter dem breiten Fenster trieb schräg der Schnee, hüllte die Newa in einen Schleier und taute in ihrem dunklen Wasser. Der Wind pfiff durch die Fensterrahmen und ließ alte Zeitungen am Boden rascheln.

»Mein Gott, was für eine Kälte!« sagte Nastja, und ihr schien es in der Werkstatt durch die an den Wänden unordentlich aufgehängten weißen Marmorreliefs noch kälter zu sein.

»Hier, viel Vergnügen!« sagte Timofejew und schob Nastja einen tonverschmierten Sessel hin. »Nicht zu begreifen, daß ich in dieser Höhle noch nicht eingegangen bin. Bei Perschin aber, da strahlt von den Heizkörpern in seiner Werkstatt eine Hitze wie aus der Sahara.«

»Sie können den Perschin nicht leiden?« fragte Nastja vorsichtig.

»Das ist so ein Emporkömmling!« sagte Timofejew ärgerlich. »Ein Handwerker! Seine Figuren haben keine Schultern, sondern Kleiderbügel für Mäntel. Seine Kolchosbäuerin ist ein Götzenbild mit einer vorgepflanzten Schürze. Sein Arbeiter sieht aus wie der Neandertaler. Er modelliert mit einem Holzspaten. Aber raffiniert ist er, meine Liebe, raffiniert wie ein Kardinal!«

»Zeigen Sie mir Ihren Gogol«, bat Nastja, um dem Gespräch eine andere Wendung zu geben.

»Gehen Sie dort hinüber!« befahl der Bildhauer mürrisch. »Nein, nicht dahin! Dort, in diese Ecke. So!«

Er hob von einer der Figuren die feuchten Tücher ab, betrachtete sie prüfend von allen Seiten, hockte sich neben den Petroleumkocher, rieb sich die Hände und sagte:

»Da ist er, der Nikolaj Wassiljewitsch! Jetzt können Sie ihn sehen!«

Nastja erschauderte. Spöttisch, sie bis aufs Letzte durchschauend, blickte sie ein etwas gekrümmter Mann mit einer spitzen Nase an. Nastja sah, wie eine feine sklerotische Ader an seiner Schläfe pulsierte.

»Der Brief da, in der Handtasche, der ist noch zu«, schienen Gogols durchbohrende Augen zu sagen. »Ach du, Elster!«

»Na und?« fragte Timofejew, »ein ernsthafter Onkel, nicht wahr?«

»Großartig!« antwortete Nastja mühsam. »Das ist wirklich ausgezeichnet.«

Timofejew lachte bitter.

»Ausgezeichnet«, wiederholte er. »Alle sagen: ausgezeichnet. Auch Perschin, auch Matjasch und all die Kenner aus all den Komitees. Und was kommt dabei heraus? Hier – ausgezeichnet, dort aber, wo mein Schicksal als Bildhauer entschieden wird, dort macht derselbe Perschin nur unbestimmt hm – und der Fall ist erledigt. Wenn aber Perschin hm macht, dann ist einer erledigt! . . . Da kann man nächtelang nicht schlafen!« schrie Tomofejew und lief in seiner Werkstatt hin und her, stampfte mit seinen Filzschuhen auf. »Vom feuchten Ton bekommt man Rheumatismus in den Händen. Jahrelang liest man jedes Wort über Gogol. Da kommen einem seine Schweinerüssel im Traum!«

Timofejew ergriff vom Tisch einen Bücherstoß, fuchtelte damit in der Luft herum und warf ihn mit einem Ruck zurück. Vom Tisch flog Gipsstaub auf.

»All das ist über Gogol!« sagte er und wurde plötzlich ganz ruhig. »Was? Habe ich Sie etwa erschreckt? Verzeihen Sie, meine Liebe, aber, bei Gott, ich bin bereit, mich zu schlagen.«

»Nun, wir werden uns gemeinsam schlagen«, sagte Nastja und stand auf.
Timofejew drückte ihr fest die Hand, und sie ging mit dem festen Entschluß fort, alles dafür zu tun, diesen begabten Menschen aus seiner Unbekanntheit herauszureißen.
Nastja kehrte in den Verband zurück, ging zum Vorsitzenden und hatte ein langes Gespräch mit ihm. Sie ereiferte sich und versuchte zu beweisen, daß man sofort eine Ausstellung von Timofejews Arbeiten veranlassen müsse. Der Vorsitzende klopfte mit dem Bleistift auf den Tisch, suchte längere Zeit Ausflüchte, stimmte aber schließlich zu.
Nastja ging nach Hause und kam in ihr altertümliches Zimmer an der Mojka mit seiner vergoldeten Stuckdekke. Erst dort las sie Katerina Petrownas Brief.
»Wie könnte ich jetzt fortfahren!« sagte sie und stand auf. »Kann ich mich denn von hier freimachen?«
Sie dachte an die überfüllten Züge, an das Umsteigen in die Schmalspurbahn, den rüttelnden Bauernwagen, den verdorrten Garten, die unvermeidlichen Tränen der Mutter, die öde, durch nichts verkürzte Langeweile der Tage auf dem Dorfe und legte den Brief ins Schubfach ihres Schreibtisches.
Zwei Wochen hatte Nastja mit der Organisation von Timofejews Ausstellung zu tun.
Ein paar Mal hatte sie sich in dieser Zeit mit dem wenig umgänglichen Bildhauer verzankt und wieder versöhnt. Timofejew schickte seine Arbeiten zur Ausstellung mit einem Gesicht, als gäbe er sie der Zerstörung anheim.
»Ein Dreck kommt bei Ihnen da heraus, meine Liebe«, sagte er schadenfroh zu Nastja, als ob sie nicht seine,

sondern ihre Ausstellung vorbereite. »Ich vergeude sinnlos Zeit, Ehrenwort.«
Anfangs brachte so etwas Nastja zur Verzweiflung, und sie war beleidigt, bis sie begriff, daß alle diese Launen keinen Pfennig wert und gespielt waren und daß Timofejew im Grunde seiner Seele sich sehr auf die bevorstehende Ausstellung freute.
Die Ausstellung wurde abends eröffnet. Timofejew war wütend und sagte, man dürfe Skulpturen nicht bei elektrischem Licht betrachten.
»Totes Licht!« knurrte er, »mörderische Langeweile! Da wäre eine Petroleumfunzel besser.«
»Was brauchen Sie denn für ein Licht, Sie unmöglicher Typ?« brauste Nastja auf.
»Kerzen! Kerzen!« schrie Timofejew mit leidender Stimme. »Wie kann man denn Gogol unter eine elektrische Birne stellen! Das ist doch absurd!«

Zur Eröffnung waren Bildhauer und Maler gekommen. Ein Uneingeweihter, der die Gespräche der Bildhauer hörte, hätte nicht immer dahinter kommen können, ob sie die Arbeiten Timofejews nun lobten oder verurteilten. Doch Timofejew begriff, daß die Ausstellung gelungen war.
Ein grauhaariger, leicht aufbrausender Maler trat auf Nastja zu und klopfte ihr auf die Hand:
»Dankeschön. Ich hörte, daß Sie es waren, die Timofejew ans Tageslicht geholt hat. Das haben Sie ausgezeichnet gemacht. Bei uns, wissen Sie, gibt es nämlich viele, die von der Achtung vor dem Künstler schwatzen, von Sorge und Feingefühl, sobald es aber um Taten geht, stößt man auf leere Augen. Nochmals, vielen Dank!«

Es begann eine allgemeine Aussprache. Man redete viel, lobte, ereiferte sich, und der Gedanke von der Aufmerksamkeit gegenüber dem Menschen, gegenüber dem jungen, unverdient vergessenen Bildhauer, den der alte Maler geäußert hatte, wiederholte sich in jeder Rede. Timofejew saß aufgeplustert da, betrachtete intensiv das Parkett, aber warf dennoch von unten her einen Blick auf die Redner und wußte nicht, ob man ihnen glauben solle oder ob es dafür noch zu früh sei.
In der Tür tauchte ein Bote aus dem Verband auf – die gute und unbeholfene Dascha. Sie machte Nastja irgendwelche Zeichen. Nastja trat auf sie zu, und Dascha gab ihr mit einem Grinsen ein Telegramm.
Nastja kehrte auf ihren Platz zurück, öffnete unauffällig das Telegramm, las es und begriff nichts:
»Katja stirbt. Tichon.«
»Was für eine Katja?« überlegte Nastja verwirrt. »Was für ein Tichon? Wohl nicht für mich.«
Sie sah sich die Adresse an: nein, das Telegramm war für sie. Dann erst entdeckte sie die feinen gedruckten Buchstaben auf dem Papierstreifen: »Saborje.«
Nastja knüllte das Telegramm zusammen und verfinsterte sich. Perschin war an der Reihe.
»In unseren Tagen«, sagte er, schwankte hin und her und schob seine Brille zurecht, »wird die Sorge um den Menschen zu jener wunderbaren Realität, die uns hilft zu wachsen und zu arbeiten. Ich bin glücklich, in unserer Mitte, in der Mitte der Bildhauer und Maler, solche Fürsorge feststellen zu können. Ich spreche von der Ausstellung der Werke des Genossen Timofejew. Wir verdanken diese Ausstellung – und das soll kein Vorwurf gegenüber unserer Leitung sein – voll und

ganz einem der einfachen Mitarbeiter unseres Verbandes, unserer lieben Anastasia Semjonowna.«
Perschin machte eine Verbeugung zu Nastja, und alle begannen zu klatschen. Der Beifall dauerte lange. Nastja kamen vor Unsicherheit fast die Tränen.
Jemand tippte ihr von hinten an den Arm. Das war der alte, leicht aufbrausende Maler.
»Was ist denn?« flüsterte er und wies mit den Augen auf das in Nastjas Hand zusammengeknüllte Telegramm. »Doch nichts Unangenehmes?«
»Nein«, antwortete Nastja, »bloß so ... Von einer Bekannten ...«
»Aha!« äußerte der alte Mann und hörte wieder Perschin zu.
Alle sahen auf Perschin, doch Nastja fühlte die ganze Zeit irgendeinen schweren und durchdringenden Blick auf sich gerichtet und hatte Angst, den Kopf zu heben. Wer könnte das sein? dachte sie. Sollte es jemand erraten haben? Wie dumm. Wieder sind mir die Nerven durchgegangen.
Sie überwand sich, hob die Augen und schlug sie sofort wieder nieder: Gogol sah sie an, spöttisch lächelnd. An seiner Schläfe schien die feine sklerotische Ader heftig zu pulsieren. Nastja hatte den Eindruck, als sage Gogol leise durch seine zusammengepreßten Zähne: »Ach, du!«
Nastja stand schnell auf, ging hinaus, zog sich unten rasch an und lief auf die Straße.
Die Isaakskathedrale war mit grauem Rauhreif überzogen. Ein trüber Himmel senkte sich immer tiefer auf die Stadt, auf Nastja, auf die Newa.
»Mein Herzenskind«, kam Nastja der letzte Brief in den

Sinn. »Mein Herzenskind!«
Nastja setzte sich auf eine Bank in den Anlagen nahe bei der Admiralität und fing bitter an zu weinen. Der Schnee taute auf ihrem Gesicht, vermischte sich mit ihren Tränen.
Nastja zitterte vor Kälte und begriff plötzlich, daß niemand sie so geliebt hatte wie diese von allen verlassene, schwächliche, alte Frau dort in dem öden Saborje.
»Zu spät! Ich werde Mama nicht mehr sehen«, sagte sie sich und erinnerte sich, daß es das erste Mal in diesem Jahr war, daß sie dieses liebe Kinderwort aussprach. »Mama.«
Sie sprang auf, ging schnell gegen den Schnee an, der ihr ins Gesicht peitschte.
Was soll das nur, Mama? Was denn? dachte sie, ohne etwas zu sehen. Mama! Wie konnte das denn so geschehen? Ich habe doch niemanden im Leben. Keinen, und niemand wird mir näher sein. Wenn ich es doch nur noch schaffe, wenn sie mich doch nur noch sieht, nur noch verzeiht.
Nastja erreichte den Newskij-Prospekt, ging zum Stadtbahnhof.
Es war zu spät. Die Fahrkarten waren ausverkauft.
Nastja stand vor der Kasse, ihre Lippen zitterten, sie konnte nicht sprechen, fühlte, daß sie beim ersten Wort losheulen würde.
Die alte Fahrkartenverkäuferin blickte durch ihre Brille über den Schalter.
»Was ist denn mit Ihnen, Bürgerin?« fragte sie unzufrieden.
»Nichts«, sagte Nastja, »meine Mama . . .«
Nastja drehte sich um und ging rasch dem Ausgang zu.

»Wo wollen Sie denn hin?« rief die Fahrkartenverkäuferin. »Das hätten Sie doch gleich sagen sollen. Warten Sie einen Augenblick.«
Am selben Abend fuhr Nastja los. Während der ganzen Fahrt kam es ihr so vor, als ob der »Rote Pfeil« kaum vorwärts käme, obwohl der Zug durch die nächtlichen Wälder flog, seinen Dampf in sie stieß und sie mit seinem langgezogenen warnenden Schrei füllte.

... Tichon war zur Post gegangen, flüsterte etwas mit dem Briefträger Wassilij, ließ sich von ihm ein Telegrammformular geben, drehte es lange hin und her, wischte sich mit dem Ärmel den Schnurrbart ab und schrieb mit seinen ungelenken Buchstaben etwas auf das Formular. Dann faltete er es vorsichtig zusammen, steckte es in die Pelzmütze und trottete zu Katerina Petrowna.
Katerina Petrowna stand schon den zehnten Tag nicht mehr auf. Ihr tat nichts weh, aber eine ohnmachtgleiche Schwäche legte sich ihr auf die Brust, den Kopf und die Beine, und das Atmen fiel ihr schwer.
Manjuschka ließ Katerina Petrowna schon sechs Tage lang nicht allein. Nachts schlief sie, ohne sich auszuziehen, auf dem durchgesessenen Sofa. Gelegentlich schien es ihr, daß Katerina Petrowna schon nicht mehr atme. Dann begann sie erschrocken zu heulen und rief:
»Oma? He, Oma? Lebst du noch?«
Katerina Petrowna bewegte ihre Hand unter der Decke, und Manjuschka beruhigte sich.
Vom Morgen an herrschte in den Zimmern novemberliches Dunkel in den Ecken, doch es war warm. Manjuschka heizte den Ofen. Wenn von dem fröhlichen

Feuer ein Lichtschein auf die Balkenwände fiel, atmete Katerina Petrowna vorsichtig etwas tiefer – das Feuer machte das Zimmer gemütlicher, bewohnter, so wie es vor langer Zeit gewesen war, als Nastja noch da war. Katerina Petrowna schloß die Augen, und eine einsame kleine Träne quoll aus ihnen hervor, rollte über die gelbe Schläfe und blieb in den grauen Haaren hängen.
Tichon kam herein. Er hustete, schneuzte sich und war sichtlich erregt.
»Was ist denn, Tischa?« fragte Katerina Petrowna kraftlos.
»Es ist kalt geworden, Katerina Petrowna!« sagte Tichon forsch und blickte unruhig auf seine Pelzmütze. »Es wird bald Schnee geben. Ist auch gut so. Der Frost macht den Weg fest, da hat sie es beim Fahren leichter.«
»Wer?« Katerina Petrowna öffnete die Augen und fuhr zitternd mit der dürren Hand über die Decke.
»Ja wer denn sonst als Nastasja Semjonowna«, antwortete Tichon mit einem ungeschickten Lächeln und zog aus seiner Mütze ein Telegramm. »Wer denn sonst.«
Katerina Petrowna wollte sich aufrichten, schaffte es aber nicht und fiel auf das Kissen zurück.
»Hier, schauen Sie!« sagte Tichon, faltete das Telegramm vorsichtig auseinander und streckte es Katerina Petrowna hin.
Doch Katerina Petrowna nahm es nicht entgegen, blickte nur unverändert und bittend auf Tichon.
»Lies doch«, sagte Manjuschka heiser. »Die Oma kann schon nicht mehr lesen. Die Augen sind zu schwach.«
Tichon blickte sich erschreckt um, zupfte etwas am Kragen, strich sich über sein schütteres rotes Haar und

las mit dumpfer, unsicherer Stimme: »Warten Sie, bin abgefahren. Verbleibe Ihre Sie immer liebende Tochter Nastja.«

»Laß das, Tischa!« sagte Katerina Petrowna leise. »Laß das, mein Lieber. Behüte dich Gott. Danke für den guten Willen, für deine Freundlichkeit.«

Katerina Petrowna wandte sich mühsam zur Wand um und schien dann einzuschlafen.

Tichon saß im kalten Flur auf einer Bank, rauchte, ließ den Kopf hängen, spuckte aus und seufzte, bis Manjuschka herauskam und ihn in Katerina Petrownas Zimmer winkte.

Tichon kam auf Zehenspitzen herein und wischte sich mit der ganzen Handfläche über das Gesicht – Katerina Petrowna lag blaß und klein da, als ob sie friedlich schliefe.

»Hat nicht mehr gewartet«, brachte Tichon hervor, »ach, was für ein Jammer, was für ein unbeschreibliches Leid! Du aber paß auf, du dummes Ding«, sagte er mürrisch zu Manjuschka, »vergilt Gutes mit Gutem, werde war Ordentliches. Setz dich hier hin, ich laufe in den Dorfsowjet und berichte.«

Er ging fort, Manjuschka aber saß auf einem Hocker, hatte die Knie angezogen, zitterte und blickte ohne Unterlaß auf Katerina Petrowna.

Katerina Petrowna wurde am nächsten Tag beerdigt. Es hatte ein wenig gefroren und schneite leicht. Der Tag wurde allmählich vom Weiß bestimmt, und der Himmel war trocken, licht, doch grau, als hätte man über den Köpfen ein gewaschenes angefrorenes Leintuch gespannt. Die weiten Flächen jenseits des Flusses waren

graublau erstarrt. Von dort her wehte ein scharfer und fröhlicher Geruch nach Schnee, nach den vom ersten Frost befallenen Weidenrinden herüber.
Zur Beerdigung waren alte Frauen und Kinder gekommen. Zum Friedhof trugen den Sarg Tichon, Wassilij und die Brüder Maljawin, zwei alte Männer, die aussahen, als wären sie mit frischem Werg bewachsen. Manjuschka trug mit ihrem Bruder Wolodja den Sargdeckel und starrte unverwandt vor sich.
Der Friedhof lag außerhalb des Dorfes am Fluß. Dort wuchsen hohe Weiden, gelb von Flechten.
Unterwegs trafen sie die Lehrerin. Sie war vor kurzem aus der Kreisstadt eingetroffen und kannte noch niemanden in Saborje.
»Die Lehrerin, da kommt die Lehrerin!« flüsterten die Jungen.
Die Lehrerin war jung und schüchtern, sie hatte graue Augen – noch ganz wie ein kleines Mädchen. Sie erblickte den Leichenzug und blieb schüchtern stehen, schaute erschreckt auf die kleine alte Frau im Sarg. Auf das Gesicht der alten Frau fielen nadelfeine Schneeflokken. Sie tauten nicht. Die Lehrerin hatte dort in der Bezirksstadt ihre Mutter zurückgelassen – auch so klein, unentwegt um das Wohl der Tochter besorgt und genauso grau.
Die Lehrerin hielt inne und folgte dann langsam dem Sarg. Die alten Frauen drehten sich nach ihr um, flüsterten, sie sei doch eigentlich ein recht stilles Mädchen und es werde ihr in der ersten Zeit mit den Kindern schwerfallen, in Saborje seien sie doch recht selbständig und ungezogen.
Schließlich raffte sich die Lehrerin auf und fragte eine

der alten Frauen, die Matrjona:
»War wohl ganz allein, die alte Frau?«
»I – i, meine Liebe«, hob Matrjona gleich mit singender Stimme an, »so gut wie ganz allein. Und sie war doch eine Seele von Mensch, so eine Herzensgute. Immer saß sie doch da auf ihrem Sofa, saß da allein, hatte niemanden, mit dem sie reden konnte. Was für ein Jammer! In Leningrad, da hat sie eine Tochter, die ist sicher inzwischen etwas Besseres. Siehst du, nun ist sie ganz allein gestorben, ohne Angehörige.«
Auf dem Friedhof stellten sie den Sarg neben das frische Grab. Die alten Frauen verneigten sich vor dem Sarg und berührten mit ihren dunklen Händen die Erde. Die Lehrerin trat an den Sarg heran, verneigte sich und küßte Katerina Petrowna die blutleere gelbliche Hand. Dann richtete sie sich schnell auf, wandte sich um und ging zu der verfallenen Ziegelmauer.
Hinter der Mauer lag im leichten auf und ab wirbelnden Schnee ein wenig traurig die liebe heimatliche Erde.
Die Lehrerin blickte lange dorthin und hörte zu, wie hinter ihrem Rücken die alten Männer sich unterhielten, wie auf den Sargdeckel die Erde fiel und wie in der Ferne in den Bauernhöfen die Hähne mit verschiedenen Stimmen krähten – sie kündeten klare Tage an, leichten Frost und winterliche Stille.

Nastja traf in Saborje zwei Tage nach der Beerdigung ein. Sie fand den frischen Grabhügel auf dem Friedhof – die Erde darauf war in Brocken zusammengefroren – und Katerina Petrownas kaltes dunkles Zimmer, aus dem das Leben scheinbar seit langem entwichen war.
In diesem Zimmer weinte Nastja die ganze Nacht hin-

durch, bis draußen vor den Fenstern die trübe und schwere Dämmerung allmählich ins Blau überging. Nastja fuhr ganz heimlich aus Saborje fort, gab sich alle Mühe, von niemandem gesehen und von niemandem gefragt zu werden. Ihr schien, keiner außer Katerina Petrowna könne ihr die untilgbare Schuld und die unerträgliche Last nehmen.

1946

Gelbes Licht

Ich wachte im Morgengrauen auf. Das Zimmer war von gleichmäßigem gelbem Licht durchflutet, wie von einer Petroleumlampe. Das Licht kam von unten durch das Fenster und beleuchtete am stärksten die Balkendecke.

Das seltsame Licht – unklar und unbeweglich – wirkte nicht wie Sonnenlicht. Da leuchteten die Herbstblätter. In der windigen und langen Nacht hatte der Garten das trockene Laub abgeworfen, nun lag es in raschelnden Haufen auf der Erde und verbreitete ein mattes Leuchten. Von diesem Leuchten schienen die Gesichter der Menschen gebräunt, die Seiten der Bücher auf dem Tisch wie mit einer Wachsschicht überzogen.

So begann der Herbst. Für mich kam er an diesem Morgen unerwartet. Bis dahin hatte ich ihn fast nicht bemerkt: im Garten roch es noch nicht nach modrigem Laub, das Wasser in den Seen war noch nicht grün, und morgens lag noch kein beißender Reif auf dem Bretterdach.

Der Herbst war plötzlich gekommen. So kommt das Empfinden des Glücks von den unscheinbarsten Dingen – von der fernen Sirene eines Dampfers auf der Oka oder von einem zufälligen Lächeln.

Der Herbst war überraschend gekommen und hatte die Erde in seinen Besitz genommen, die Gärten und die Flüsse, die Wälder und die Luft, die Felder und die Vögel. Alles war auf einmal herbstlich geworden.

Im Garten flatterten die Meisen. Ihr Zwitschern glich

dem Geräusch zerspringenden Glases. Sie hingen mit den Köpfen nach unten an den Zweigen und schauten von den Blättern des Ahorns her in das Fenster.
Jeden Morgen sammelten sich im Garten wie auf einer Insel Zugvögel. Ihr Tschilpen, Flöten und Krächzen in den Zweigen gab großen Spektakel. Nur am Tage war es im Garten still: die unruhigen Vögel waren nach Süden geflogen.
Der Laubfall hatte begonnen. Die Blätter fielen Tag und Nacht. Sie flogen bald schräg vor dem Winde her, bald legten sie sich senkrecht auf das feuchte Gras. Von den Bäumen fiel das Laub wie feiner Regen. So regnete es wochenlang. Erst gegen Ende September wurden einzelne Waldstücke kahl, und durch den dichten Baumbestand wurde die blaue Ferne der abgeernteten Felder sichtbar.
Damals erzählte mir der alte Prochor, der auf Fischfang geht und Körbe flechtet (in Solotscha werden fast alle alten Männer mit den Jahren Korbflechter) das Märchen vom Herbst. Bis dahin hatte ich dieses Märchen niemals gehört – Prochor muß es wohl selbst erdacht haben.
»Schau dich doch einmal um«, sagte Prochor zu mir und bohrte mit der Ahle in seinem Bastschuh, »sieh nur recht hin, mein Lieber, wie jeder Vogel oder, sagen wir, irgendein Lebewesen atmet. Schau und erkläre. Sonst wird man sagen: vergeblich hat er gelernt. Zum Beispiel, da fällt im Herbst das Laub ab, aber die Menschen begreifen nicht, daß der Mensch der Hauptschuldige daran ist. Der Mensch, sagen wir, hat das Pulver erfunden. Der Teufel möge ihn holen, zusammen mit diesem Pulver! Ich selbst habe lange Zeit meine Freude am

Pulver gehabt. In alten Zeiten, da haben die Dorfschmiede die erste Flinte geschmiedet, haben Pulver hineingetan, und diese Flinte bekam ein Dummkopf in die Hand. Da ging der Dummkopf durch den Wald und sah, wie die Pirole am Himmel fliegen, wie die gelben fröhlichen Vögel fliegen und zwitschern, Gäste herbeirufen. Der Dummkopf knallte auf sie aus beiden Läufen – und da flogen die goldenen Federn auf die Erde, sie fielen auf die Wälder, und die Wälder verdorrten, sie vertrockneten, und im Handumdrehen fielen die Blätter ab, manche Blätter aber, auf die das Vogelblut getropft war, die wurden rot und fielen auch nieder. Du hast doch sicher im Wald gesehen, es gibt gelbe Blätter, und es gibt rote Blätter. Bis zu jener Zeit hatten alle Vögel bei uns überwintert. Sogar der Kranich, auch der war nirgendwohin aufgebrochen. Und die Wälder standen im Sommer und im Winter in ihrem Laub, ihren Blüten und Pilzen. Und Schnee, den gab es nicht. Es gab keinen Winter, sage ich, es gab keinen! Zu was ist er uns denn nütze, der Winter, sag es doch bitte?! Was hat man von ihm? Da hat der Dummkopf den ersten Vogel geschossen – und die Erde wurde traurig. Seit jener Zeit begann das Laub abzufallen, der Herbst feucht zu werden, der Wind die Blätter abzureißen, und es fingen die Winter an – da bekamen die Vögel Angst, sie flogen von uns fort, sie fühlten sich vom Menschen beleidigt. Siehst du, Lieber, so kommt es, daß wir uns selbst geschadet haben, aber wir sollten uns nichts verderben, sondern es gut hüten.«

»Was hüten?«

»Nun, sagen wir, die verschiedenen Vögel oder den Wald. Oder das Wasser, damit es so schön durchsichtig bleibt. Alles, Lieber, hüte, sonst wirst du nicht die richtige Achtung vor der Erde haben, und das wird zu einem bösen Ende führen.«

Ich erforschte den Herbst gründlich und lange. Um etwas wirklich richtig zu sehen, muß man sich davon überzeugen, daß man es zum ersten Male im Leben sieht. So war es auch mit dem Herbst. Ich ging bewußt von der Voraussetzung aus, daß dieser Herbst der erste und letzte in meinem Leben sei. Das half mir, mich eindringlicher in ihn hineinzusehen und vieles zu erkennen, was ich früher nicht gesehen hatte, als die Herbste vorbeigingen, ohne irgendeine Spur zu hinterlassen außer einer Erinnerung an den Schmutz und die feuchten Dächer der Moskauer Straßenbahn.

Ich erkannte, daß der Herbst alle reinen Farben mischt, die es auf der Erde gibt, und sie auf die weiten Flächen der Erde und des Himmels wie auf eine Leinwand aufträgt.

Ich sah das Laub, nicht nur das goldene und purpurne, sondern auch das scharlachrote, violette, braune, schwarze, graue und beinahe weiße. Die Farben schienen besonders weich wegen des herbstlichen Dunstes, der unbeweglich in der Luft hing. Und als die Regen kamen, wich das Weiche der Farben dem Glanz: der Himmel, bedeckt mit Wolken, gab noch genügend Licht, daß die feuchten Wälder in der Ferne aufleuchten konnten wie eine rote Feuersbrunst. In den Kiefernhainen zitterten vor Kälte die Birken, von dünnem Blattgold bedeckt. Das Echo von den Schlägen der Axt, das ferne Rufen der Frauen und das Wehen von den Flügeln der vorüberfliegenden Vögel ließen die Blätter abfallen. Rings um die Stämme lag das Laub in weiten Kreisen.

Die Bäume begannen, sich von unten zu verfärben: ich sah Espen unten rot und noch ganz grün in den Wipfeln.
Einmal fuhr ich im Herbst mit dem Boot auf der Prorwa. Es war Mittag. Die niedrige Sonne hing im Süden. Ihr schräges Licht fiel auf das dunkle Wasser und spiegelte sich in ihm. Die Streifen der Sonnenspiegelung liefen von den Wellen der Ruder gleichmäßig zu den Ufern, stiegen mit dem Wasser und verschwanden in den Wipfeln der Bäume. Die Lichtstreifen drangen in das Dickicht der Gräser und Büsche, und für einen Augenblick entbrannten die Ufer in Hunderten von Farben, als ob ein Sonnenstrahl auf verstreute Splitter bunter Erzkristalle getroffen hätte. Das Licht ließ bald die glänzenden Stengel der Kräuter mit orangefarbenen vertrockneten Beeren sichtbar werden, bald die feurigen Kappen der wie mit Mehl bestäubten Fliegenpilze, bald die Haufen abgefallener Eichenblätter und die roten Rücken der Marienkäfer.
Oft beobachtete ich im Herbst aufmerksam die fallenden Blätter, um jenen unmerkbaren Teil einer Sekunde zu erfassen, wenn ein Blatt sich von einem Zweige löst und anfängt, auf die Erde zu fallen, aber dies war mir lange nicht gelungen. Ich hatte in alten Büchern gelesen, wie fallende Blätter rascheln, aber niemals hatte ich dieses Geräusch gehört. Wenn Blätter auch raschelten, so doch nur auf der Erde unter den Füßen eines Menschen. Das Rascheln der Blätter in der Luft schien mir so unwirklich wie die Erzählungen, daß man im Frühling hören könne, wie das Gras wächst.
Ich hatte natürlich unrecht. Man braucht Zeit, damit das vom Gekreisch der Straßen in den Städten benommene

Gehör sich erholen und die ganz reinen und klaren Laute der Herbsterde aufnehmen kann.
An einem späten Abend ging ich in den Garten, zum Brunnen. Ich stellte auf seinen Rand die trübe Petroleumlampe und schöpfte Wasser. Im Eimer schwammen Blätter. Sie waren überall. Nirgends konnte man sich ihrer erwehren. Auch am Schwarzbrot aus der Bäckerei klebten feuchte Blätter. Der Wind warf Hände voll Blätter auf den Tisch, auf das Bett, den Boden, die Bücher, und es war mühsam, auf den Gartenwegen zu gehen: man mußte durch das Laub stapfen wie durch tiefen Schnee. Wir fanden Blätter in den Taschen unserer Regenmäntel, in den Umhängen, in den Haaren – überall. Wir schliefen auf ihnen und waren von ihrem Geruch vollgesogen.
Es gibt Herbstnächte, stumm und lautlos, wenn die Windstille über dem schwarzen waldigen Horizont steht und nur das Schlagholz des Wächters vom Dorfrand herüberklingt.
Es war so eine Nacht. Die Lampe beleuchtete den Brunnen, den alten Ahorn am Zaun und die zerzauste Kapuzinerkresse auf dem gelb gewordenen Beet.
Ich schaute auf den Ahorn und sah, wie sich vorsichtig und langsam von einem Zweig ein rotes Blatt löste, zitterte, einen Augenblick in der Luft stehenblieb und anfing, schräg zu meinen Füßen zu fallen, ein wenig raschelnd und schaukelnd. Zum ersten Male hatte ich das Rascheln eines fallenden Blattes gehört, einen unklaren Laut, ähnlich dem Flüstern eines Kindes.
Die Nacht stand über der stillen Erde. Die Flut des Sternenglanzes war grell, fast unerträglich. Ich schloß die Augen halb. Die herbstlichen Gestirne glitzerten in

dem Eimer mit Wasser und in dem kleinen Fensterchen der Hütte mit ebenso starker Kraft wie am Himmel.
Die Sternbilder des Perseus und des Orion zogen am Himmel ihre langsame Bahn, zitterten im Wasser der Seen, verloren ihren Glanz im Gestrüpp, wo die Wölfe träumten, und spiegelten sich auf den Schuppen der Fische, die in den Untiefen der Stariza und der Prorwa schliefen.
Gegen Morgen wurde das grüne Licht des Sirius sichtbar. Sein niedriges Leuchten verlor sich im Laub der Weiden. Jupiter rollte in den Wiesen über die schwarzen Heuhaufen und die feuchten Wege, Saturn aber stieg von der anderen Seite des Himmels auf, aus den von den Menschen im Herbst vergessenen und verlassenen Wäldern.
Die Sternennacht zog über die Erde, durch das raschelnde Schilf, durch den bitteren Geruch des Herbstwassers, kalte Funken der Meteore versprühend.
Gegen Ende des Herbstes traf ich Prochor an der Prorwa. Grau und zerzaust, voller Fischschuppen, saß er unter einem Weidenstrauch und angelte Barsche. Prochor sah aus, als ob er hundert Jahre alt wäre, nicht weniger. Er lächelte mit seinem zahnlosen Mund, holte aus dem Fischkorb einen dicken, vor Schreck ganz starren Barsch und klopfte ihm auf den fetten Leib – er war stolz auf seine Beute.
Bis zum Abend angelten wir gemeinsam, kauten hartes Brot und plauderten halblaut über den Waldbrand, den es kürzlich gegeben hatte.
Er hatte in der Nähe des Dorfes Lopuchi begonnen, auf einer Lichtung, wo die Männer nach dem Mähen das Feuer vergessen hatten. Ein trockener, heißer Wind war

aufgekommen. Schnell wurde das Feuer nach Norden gejagt. Es drang mit der Geschwindigkeit eines Zuges vor – zwanzig Kilometer in der Stunde. Es dröhnte wie Hunderte von Flugzeugen, die im Tiefflug über die Erde rasen.
Am Himmel, vom Rauch verdeckt, hing die Sonne wie eine rötliche Spinne auf einem dichten grauen Spinnennetz. Der Brand biß in den Augen. Langsam fiel Aschenregen. Mit einer grauen Schicht bedeckte er das Flußwasser. Manchmal fielen vom Himmel zu Asche verwandelte Birkenblätter. Bei der leichtesten Berührung zerfielen sie zu Staub.
In den Nächten ballte sich das drohende Rot im Osten, in den Höfen muhten unruhig die Kühe, wieherten die Pferde, und am Horizont leuchteten weiße Signalraketen auf – das waren die Abteilungen der Armee, die den Waldbrand löschten und einander vor dem Näherkommen des Feuers warnten.

Prochor und ich kehrten am Abend zurück. Die Sonne ging hinter der Oka unter, und zwischen uns und der Sonne lag ein matter silberner Streifen. Das war ihr Widerschein auf den dichten herbstlichen Spinnweben, die die Wiesen bedeckten.
Tags flogen die Spinnweben durch die Luft, blieben in dem nicht gemähten Gras hängen, ihr Gespinst heftete sich an die Ruder, die Gesichter, die Angelruten, die Hörner der Kühe. Sie zogen sich von einem Ufer der Prorwa zum andern und spannen langsam den Fluß mit ihren leichten und klebrigen Netzen ein. Morgens legte sich auf die Spinnweben der Tau. Die von Spinnweben und Tau bedeckten Weiden standen in der Sonne wie

Märchenbäume, die aus fernen Ländern in unsere Gegend verpflanzt worden sind.
Auf jedem Spinnennetz saß eine kleine Spinne. Sie webte ihr Netz, während der Wind es über die Erde trug. Sie flog auf ihrem Netz Dutzende von Kilometern. Das war der Flug der Spinnen, dem herbstlichen Vogelzug so ähnlich. Aber bis jetzt weiß niemand, warum in jedem Herbst die Spinnen fliegen und die Erde mit ihrem so feinen Gewebe bedecken.
Zu Hause wusch ich die Spinnweben vom Gesicht und heizte den Ofen. Der Geruch des Rauches von Birkenholz mischte sich mit dem Geruch des Wacholders. Es zirpte ein altes Heimchen, und unter dem Fußboden raschelten die Mäuse. Sie zerrten reiche Vorräte in ihre Löcher – vergessene Brotstückchen und Kerzenstummel, Zucker und versteinerte Stückchen Käse.
Tief in der Nacht wachte ich auf. Die Hähne krähten zum zweiten Mal, die Fixsterne leuchteten an der gewohnten Stelle, und der Wind wehte sanft durch den Garten in geduldiger Erwartung des Morgenlichts.

1936

Jenseits des trüben San

Rotglühend sank die Sonnenkugel in einen lichten Kiefernwald jenseits des San.
Zwischen Baumstümpfen und Sträuchern standen einzelne Kiefern – hoch und dünn, von der Last ihrer Kronen gebogen. Die feurige Flamme der Sonne glitt über ihre Stämme, fiel am Fuß der Kiefern auf den Sand und spiegelte sich schaukelnd im rasch fließenden Wasser des San.
Hinter dem schmalen Waldstück begann die Ebene, bläulich vom abendlichen Nebel. Von dort her verbreitete sich der bittere Mandelduft der Sumpfpflanzen.
Das war Galizien.
Unsern Zug hatte man an der Ausweichstelle bei der Grenze vor der Holzbrücke über den San angehalten. Truppentransportzüge kamen uns entgegen.
Zum ersten Mal fuhr ich über eine Grenze. Auf dem andern Ufer des San war Österreich. Es kam mir so vor, als ob jenseits der Grenzlinie alles ganz anders, nicht wie bei uns sein müsse, nicht nur die Menschen, Dörfer und Städte, sondern sogar der Himmel und die Bäume.
So hatte ich mir das Ausland schon als kleiner Junge gedacht. Diese dumme Vorstellung hatte sich in gewissem Maße auch bei dem Erwachsenen erhalten.
Aber einstweilen war alles genauso wie bei uns. Die gleichen verdorrten Wegwarten standen an den Feldwegen. Die Füße versanken ebenso wie in Rußland im Sand, und sogar das Wasser im San war trüb, während

es nach meiner Vorstellung hätte durchsichtig klar dahinströmen müssen.
Nachts fuhren wir über die Sanbrücke nach Galizien hinein. Morgens hielten wir in dem Städtchen Mielec.
Ich fand keine Zeit, es anzusehen. Vor uns, bei Dembica, wurde gekämpft, wir wurden sofort dorthin weitergeleitet. Ich konnte durchs Fenster nur noch heitere grüne Hügel sehen, Ziegeldächer, hopfenbewachsene Mauern und Wege, weiß wie Kreide, mit Pappeln an beiden Seiten.
Dann hörten wir die schwere, nicht verstummende Kanonade und sahen dunklen Staub, der den ganzen Horizont im Süden verdeckte. Vielleicht war das auch kein Staub, sondern der Rauch brennender Dörfer.
Am Zug entlang hetzten im Trab die Flüchtlingsfuhrwerke nach Norden zum Übergang über den San. Abgekämpfte Infanterie zog in aufgelösten Formationen vorüber. Immer spürbarer zitterte die Erde. In den Waggons klirrten die Scheiben.
Der Zug machte schließlich in einer breiten Talsenke halt. In den dichten Wäldern an den Hängen der Senke flackerten hier und dort gelbliche Wölkchen der Schrapnelle.
Am Zug entlang galoppierten Reiter. Ohrenbetäubend dröhnten die Abschüsse einer im nahen Gebüsch verborgenen Feldbatterie. Der Chefarzt Pokrowskij befahl uns, zwei große Fahnen mit dem roten Kreuz über dem Zug zu hissen.
Darauf wurden wir noch ein wenig vorgezogen bis zu einem zerschossenen Bahnwärterhäuschen. Daneben lagen im staubigen Gras Dutzende notdürftig verbundener Verwundeter.

Sofort begannen wir, die Verwundeten in die Waggons einzuladen. Der Zug war schon voll, aber die Zahl der Verwundeten nahm nicht ab. Wir legten sie in die Korridore, auf die Plattformen, in das Dienstabteil. Schon stöhnte der ganze Zug, langgezogen, vielstimmig.

Der Kampf kam anscheinend näher, aber wir sahen ihn nicht. Ich nahm nur halb auf, wie hier eine Scheibe im Waggonfenster fehlte, dort verirrte Kugeln auf die Schienen schlugen.

Einer unserer Sanitäter wurde an der Schulter verletzt. Romanin warf der Luftdruck einer Explosion um.

Aber das drang nicht ins Bewußtsein. Alle waren nur von einem Gedanken beseelt: so schnell wie möglich die Verwundeten einladen! Schneller!

Ein verschwitzter Offizier kam an den Zug galoppiert und rief Pokrowskij heraus. Die Schulterstücke des Offiziers waren von einer so dichten Staubschicht bedeckt, daß man die Sterne nicht sehen konnte.

»Schneller!« schrie der Offizier mit sich überschlagender Stimme. »Macht, zum Teufel, daß Ihr mit Euerm Zug wegkommt! In einer Viertelstunde ist es zu spät. Ihr habt zwei Lokomotiven! Schnell weg!«

Der Offizier fuchtelte mit der Reitpeitsche, die er in der Hand zusammengebogen hatte und wies nach Norden. Das Pferd unter dem Offizier drehte sich wie besessen.

»Wir können noch Verwundete auf die Dächer legen!« schrie Pokrowskij zur Antwort.

»Nehmen Sie sie im Fahren auf!« rief der Offizier, riß das Pferd herum und galoppierte zur Lokomotive. Der Zug ruckte sofort an. Einigen Verwundeten gelang es,

sich an den Handgriffen festzuklammern, und die Sanitäter zogen sie auf die Plattformen.
Erst jetzt bemerkte ich, daß es bereits dämmerte, das Feuer der Einschläge wurde deutlicher sichtbar, der Staub am Horizont hatte eine unheilschwangere Röte angenommen.
Dann schlugen Kugeln in die Wände der Waggons, aber das dauerte nur wenige Minuten. Der Zug fuhr mit letzter Geschwindigkeit. Als er endlich etwas langsamer fuhr, begriffen wir, daß wir aus einem Kessel freigekommen waren.
Der Zug hatte mehrere hundert flüchtig verbundene Verletzte aufgenommen, mit blutdurchfeuchteten Binden, mit abgerutschten Verbänden, Soldaten mit vor Schmerz und Durst tiefdunklen Gesichtern. Es mußten alle neu verbunden werden. Es mußten die Schwerverletzten, die einer sofortigen Operation bedurften, ausgewählt werden.
Die Arbeit begann im selben Augenblick, und von jener Minute an blieb die Zeit stehen. Wir hörten auf, sie zu bemerken. Jede Viertelstunde wischte ich im Operationswagen das Blut vom Linoleumfußboden, schaffte die verkrusteten Verbände weg, dann rief man mich an den Operationstisch, und ich hielt, kaum begreifend, was ich tat, das Bein eines Verwundeten und war nur bemüht, nicht hinzusehen, wie Pokrowskij mit einer scharfen Stahlsäge den Knochen, weiß wie Zucker, absägte. Auf einmal wurde das Bein sehr schwer, und wie durch einen Nebel in meinem Bewußtsein begriff ich, daß die Operation beendet war, und trug das abgetrennte Bein in den Zinkkasten, um es bei einem Halt zu begraben.

Es roch nach Blut, nach Baldrian und nach brennendem Spiritus. Auf den Spirituskochern wurden pausenlos die Instrumente ausgekocht.
Seit jener Zeit ist die bläuliche Spiritusflamme in meinem Gedächtnis mit dem unerträglichen Leiden verbunden, das die Gesichter der Menschen mit grauem Todesschweiß bedeckte.
Manche Verwundete schrien, andere knirschten mit zusammengebissenen Zähnen und fluchten. Aber ein Verwundeter setzte sogar den unerschütterlichen Pokrowskij durch seine Zähigkeit in Erstaunen. Er hatte eine schwere Beckenverletzung. Er litt unmenschliche Qualen; aber in den Operationswagen kam er allein, ohne Sanitäter, sich an den Wänden haltend. Beim Verbandwechsel bat er lediglich, »zur Erleichterung« rauchen zu dürfen. Kein einziges Mal stöhnte oder schrie er; die ganze Zeit beruhigte er Pokrowskij und Ljolja, die half, den Granatsplitter zu entfernen und den komplizierten festen Verband anzulegen.
»Macht nichts!« sagte er. »Man kanns aushalten. Man kanns sogar ganz gut aushalten. Machen Sie sich keine Sorgen, Schwester.«
Den Schmerz verrieten nur seine Augen. Von Minute zu Minute wurden sie fahler, wurden von einem gelblichen Schimmer überzogen.
»Was bist du bloß für einer?« fragte Pokrowskij barsch.
»Aus Wologda sind wir«, sagte der Verwundete. »Meine Mutter hat mich, Euer Hochwohlgeboren, im feuchten Wald geboren, ohne Hilfe zur Welt gebracht, mit Wasser aus einer Pfütze gewaschen. Bei uns, Euer Hochwohlgeboren, wissen Sie, sind alle so. Ein ver-

wundetes Tier, das schreit natürlich. Aber für einen Menschen gehört es sich nicht zu schreien.«
Ich kann mich jetzt nicht mehr erinnern, wie lange dieses pausenlose Verbinden und Operieren dauerte. Für besonders komplizierte Operationen wurde der Zug auf den Stationen angehalten.
Ich erinnere mich nur, daß ich die elektrischen Lampen (wir hatten im Waggon einen Akkumulator) bald anschaltete, bald ausschaltete, weil bereits die Sonne in die Fenster schien. Aber sie schien nicht lange, es kam mir so vor, als sei es insgesamt eine gute Stunde, und ich schaltete die blendend weißen Lampen wieder an.
Einmal faßte mich Pokrowskij am Arm, führte mich zum Fenster und zwang mich, ein Glas mit einer braunen, klebrigen Flüssigkeit zu leeren.
»Halten Sie durch«, sagte er. »Bald ist Schluß. Ich kann keinen einzigen ablösen.«
Und ich hielt durch, wechselte nur von Zeit zu Zeit den blutbespritzten Kittel.
Ohne Unterlaß kamen die Verwundeten. Wir hörten auf, ihre Gesichter zu unterscheiden. Schon entstand die Vorstellung, daß alle Verwundeten ein und dasselbe unrasierte grünliche Gesicht haben, ein und dieselben weißen und vor Schmerz runden Augen, ein und dasselbe hastige, hilflose Atmen und ein und dieselben sich anklammernden eisernen Finger – mit ihnen krallten sie sich in unsere Arme, wenn wir sie während des Verbindens hielten. Wir alle hatten die Arme voller Kratzer und Blutergüsse.
Nur einmal stieg ich auf einer unbekannten Station in Polen für einen Augenblick aus dem Zug, um zu rauchen. Es war Abend. Es hatte soeben aufgehört zu

regnen. Auf dem Bahnsteig blinkten Pfützen. Am grünlichen Himmel hing wie eine riesige Weintraube eine Gewitterwolke mit einem leicht rosa Hauch von der Abendsonne.

Neben dem Zug stand eine Schar Frauen und Kinder. Die Frauen wischten sich die Augen mit den Zipfeln ihrer Kopftücher. »Warum weinen sie« – dachte ich, noch ganz ahnungslos, und plötzlich nahm ich ein leises Stöhnen wahr, das aus den Wagen kam.

Der ganze Zug stöhnte unablässig, müde. Kein mütterliches Herz konnte ohne Tränen dieses wortlose Flehen um Hilfe, um Barmherzigkeit anhören. Denn jeder Verwundete wurde zum Kind und rief nicht von ungefähr in seinen fiebrigen Nächten und aus seinem quälenden Schmerz nach der Mutter. Aber da war keine Mutter. Und keiner konnte sie ersetzen, auch nicht die sich noch so sehr aufopfernden Schwestern. Und dabei kam ihr Mitleid aus warmen und behutsamen Händen, die zart die zerfetzten Körper, die eiternden Wunden, die wirren Haare berührten.

Ich erinnere mich nicht, an welchem Tag wir im Morgengrauen in Lublin ankamen. Dort erwarteten uns drei leere Sanitätszüge.

Sie nahmen unsere Verwundeten auf und fuhren mit ihnen nach Rußland. Wir aber blieben in Lublin. Wir bekamen drei Tage Urlaub.

Ich ging über die Bahngleise zum Wasserkran für die Lokomotiven und wusch mich lange unter dem starken schäumenden Strahl. Ich wusch mich lange, weil ich wohl während des Waschens träumte. In diesen kurzen Traum drang der Geruch von Wasser und Marseiller Seife.

Danach zog ich mich um und ging zum Stationsgebäude. In der Nähe des Bahnhofs war ein Garten. Dort stand Flieder in hohen Mauern. Auf den Beeten beugten irgendwelche Blumen in violetten und weißen Kattunkleidern ihre Blüten.

Ich setzte mich auf eine Holzbank, lehnte mich an und schaute beim Einschlafen auf die nahe Stadt. Sie stand auf einem hohen grünen Hügel, umgeben von Feldern, reingewaschen vom morgendlichen Licht.

Im klarsten Blau des Himmels leuchtete die Sonne. Das Läuten silberner Glocken klang aus der Stadt herüber. An jenem Tag war Karfreitag.

Ich schlief ein. Sonnenlicht schlug mir in die Augen, aber ich spürte es nicht, mein Gesicht war im Schatten eines Schirms.

Neben mich hatte sich ein kleiner alter Mann mit steifem vergilbtem Kragen auf die Bank gesetzt, den Schirm geöffnet und ihn so gehalten, daß ich vor dem Licht geschützt war.

Wie lange er so gesessen hat, weiß ich nicht. Ich wachte auf, als die Sonne schon ziemlich hoch stand.

Das alte Männchen erhob sich, lüftete seinen steifen Hut, sagte auf polnisch »przepraszam« – »Verzeihung« – und entfernte sich.

Wer war das? Ein alter Lehrer oder ein Eisenbahnschaffner? Oder der Organist einer Kirche? Wer auch immer er gewesen sein mag, ich blieb ihm dankbar, daß er in jenen Kriegstagen daran gedacht hatte, einem Mitmenschen einen schlichten Dienst zu erweisen. Wie ein guter alter Geist aus den schattigen Straßen Lublins war er aufgetaucht. Aus jenen Straßen, wo ärmlich und reinlich die Rentner wohnten, wo den Menschen als letzte Freude ein Beet mit Kapuzinerkresse am Zaun geblieben war und eine Patronentasche mit Papirossy aus duftendem Krimtabak. Denn die Kinder waren schon in die weite Welt hinausgeflogen, die Frau seit langem gestorben und alle alten Journale – sowohl die »Niwa« als auch das polnische »Illustrierte Wochenblatt« – längst mehrfach gelesen. Alles war vergangen. Geblieben war nur eine wortkarge Weisheit, der Rauch der Papirossy und das ferne Glockengeläut aus der Stadt, ein und dasselbe an Feiertagen und Begräbnissen.

1954

Schnee

Der alte Potapow war einen Monat, nachdem Tatjana Petrowna zu ihm ins Haus gezogen war, gestorben. Tatjana Petrowna wohnte mit ihrer Tochter Warja und der alten Kinderfrau allein.
Das kleine Haus – es hatte nur drei Zimmer – stand auf einem Hügel oberhalb des Flusses im Norden, ganz am Rande der Stadt. Hinter dem Haus und seinem kahlgewordenen Garten schimmerte weiß ein Birkenwäldchen. Dort schrien vom Morgen bis zum Dunkelwerden die Dohlen, jagten in Schwärmen über den kahlen Wipfeln hin und her und kündeten schlechtes Wetter an.
Tatjana Petrowna konnte sich nach dem Leben in Moskau lange nicht an das öde Städtchen gewöhnen, an seine winzigen Häuser, die knarrenden Gartentüren und die stummen Abende, wenn man die Flamme in der Petroleumlampe knistern hört.
Wie dumm war ich doch! dachte Tatjana Petrowna. Warum bin ich aus Moskau weggegangen, habe das Theater und die Freunde verlassen! Ich hätte Warja zur Kinderfrau nach Puschkino bringen sollen – dort gab es keine Fliegerangriffe – und selber in Moskau bleiben. Mein Gott, war ich dumm!
Aber nach Moskau zurückzukehren war nicht mehr möglich. Tatjana Petrowna hatte beschlossen, in Lazaretten aufzutreten – es gab im Städtchen mehrere – und war ruhig geworden. Die kleine Stadt fing sogar an, ihr zu gefallen, besonders als der Winter kam und alles im

Schnee begrub. Die Tage waren mild und grau. Der Fluß fror lange nicht zu; von seinem grünen Wasser stieg Dampf auf.
Tatjana Petrowna hatte sich an das Städtchen und an das fremde Haus gewöhnt, gewöhnt an den verstimmten Flügel, an die vergilbten Photographien an den Wänden mit Darstellungen plumper Panzerschiffe des Küstenschutzes. Der alte Potapow war früher einmal Schiffsmechaniker gewesen. Auf seinem Schreibtisch mit dem verschossenen grünen Tuch stand ein Modell des Kreuzers »Gromoboj«, auf dem er gefahren war. Warja durfte dieses Modell nicht anfassen. Sie durfte überhaupt nichts anrühren.
Tatjana Petrowna wußte, daß Potapow einen Sohn hinterlassen hatte, der bei der Marine war und zur Zeit bei der Schwarzmeerflotte diente. Auf dem Schreibtisch stand neben dem Modell des Kreuzers seine Photographie. Manchmal nahm Tatjana Petrowna sie in die Hand, schaute sie an und verlor sich, die schmalen Augenbrauen zusammengezogen, in Gedanken. Es schien ihr immerfort, als wäre sie ihm schon irgendwo begegnet, aber vor sehr langer Zeit, noch vor ihrer unglücklichen Ehe. Aber wo? Und wann?
Der Mann schaute sie mit ruhigen, ein wenig spöttischen Augen an, als frage er: Nun, wie ist's? Fällt Ihnen wirklich nicht ein, wo wir uns begegnet sind?
»Nein, ich komme nicht darauf«, antwortete Tatjana Petrowna leise.
»Mama, mit wem sprichst du da?« rief Warja aus dem Nebenzimmer.
»Mit dem Flügel«, gab Tatjana Petrowna lachend zur Antwort.

Mitten im Winter kamen auf einmal Briefe an Potapow an, die alle von derselben Hand geschrieben waren. Tatjana Petrowna stapelte sie auf dem Schreibtisch. Eines Nachts wachte sie auf. Der Schnee schimmerte gedämpft durchs Fenster. Auf dem Sofa lag leise schnarchend der graue Kater Archip, eine Hinterlassenschaft Potapows.

Tatjana Petrowna warf sich den Morgenrock über, ging in Potapows Arbeitszimmer und stand eine Weile am Fenster. Von einem Baum löste sich lautlos ein Vogel, schüttelte Schnee herunter. Wie weißer Staub rieselte er lange herab und bepuderte die Scheiben.

Tatjana Petrowna zündete eine Kerze auf dem Tisch an, setzte sich in einen Sessel und schaute lange in die Flamme, sie zitterte nicht einmal. Dann nahm sie vorsichtig einen der Briefe, öffnete ihn, sah sich um und begann zu lesen.

»Mein lieber Vater«, las Tatjana Petrowna, »jetzt liege ich schon einen Monat im Lazarett. Die Wunde ist nicht sehr schwer. Sie heilt jetzt zu. Reg dich um Gottes willen nicht auf und rauche nicht eine Zigarette nach der andern. Ich beschwöre dich!«

»Ich denke oft an dich, Papa«, las Tatjana Petrowna weiter, »an unser Haus und unser Städtchen. All das ist schrecklich fern, wie am Ende der Welt. Ich mache die Augen zu, und dann sehe ich: jetzt öffne ich das Gartentörchen, gehe in den Garten. Es ist Winter, Schnee, die Fliedersträucher ganz im Reif, aber der kleine Weg zur alten Laube über dem steilen Abhang ist gefegt. In den Zimmern prasseln die Öfen. Es riecht nach Birkenrauch. Der Flügel ist endlich gestimmt, und in die Leuchter hast du die gedrehten gelben Kerzen gesteckt,

die Kerzen, die ich aus Leningrad mitgebracht hatte. Und dieselben Noten liegen auf dem Flügel: die Ouvertüre zu ›Pique Dame‹ und die Romanze ›Zu der Heimat fernen Ufern‹. Läutet das Glöckchen an der Tür? Ich war nicht mehr dazu gekommen, es zu reparieren. Werde ich das alles wirklich einmal wiedersehen? Werde ich mich, wenn ich heimkehre, wirklich wieder mit unserm Brunnenwasser aus dem Krug waschen? Weißt du noch? Ach, wenn du ahntest, wie ich das alles von hier aus der Ferne liebgewonnen habe! Wundere dich nicht, aber ich meine es ganz ernst: all das hatte ich in den schlimmsten Augenblicken des Kampfes vor Augen. Ich wußte, daß ich nicht nur das ganze Land verteidige, sondern auch diesen kleinen und mir liebsten Flecken – und dich, und unsern Garten, und unsere Dorfbuben mit den wirren Haaren, und den Birkenwald hinter dem Fluß, und sogar den Kater Archip. Lach bitte nicht und schüttle nicht den Kopf.
Vielleicht bekomme ich, wenn ich aus dem Lazarett entlassen werde, einen kurzen Heimaturlaub. Ich weiß es nicht. Warte lieber nicht.«

Tatjana Petrowna blieb lange am Tisch sitzen, schaute mit weitgeöffneten Augen durchs Fenster, wo aus tiefer Bläue die Morgendämmerung heraufkam, dachte, daß nun jeden Tag von der Front ein unbekannter Mann in dieses Haus kommen könne, und wie schwer es ihm fallen werde, hier fremde Menschen vorzufinden und nichts so wiederzusehen, wie er es hatte wiedersehen wollen.
Am Morgen sagte Tatjana Petrowna zu Warja, sie solle die Holzschaufel nehmen und den Weg zur Gartenlau-

be über dem Abhang freimachen. Die Laube war ganz morsch. Ihre hölzernen Pfosten waren grau geworden und von Flechten überzogen. Tatjana Petrowna selber reparierte das Glöckchen über der Tür. Es hatte eine lustige Aufschrift: »Ich hänge über der Tür, klingele fröhlich mit mir!« Tatjana Petrowna stieß gegen das Glöckchen. Es bimmelte mit hoher Stimme. Der Kater Archip zuckte unzufrieden mit den Ohren, fühlte sich gekränkt und verließ den Flur. Den fröhlichen Klang des Glöckchens empfand er offensichtlich als ungehörig.

Im Laufe des Tages brachte Tatjana Petrowna geschäftig, mit geröteten Wangen und vor Erregung dunkel gewordenen Augen, aus der Stadt einen alten Klavierstimmer, einen in Rußland heimisch gewordenen Tschechen, der sich mit der Reparatur von Primuskochern, Petroleumlampen, Puppen und Ziehharmonikas beschäftigte und Klaviere stimmte. Er hatte einen sehr komischen Namen: Nevidal, Niegesehen. Der Tscheche sagte, als er den Flügel gestimmt hatte, er sei alt, aber sehr gut. Tatjana Petrowna wußte das auch ohne ihn.

Als er gegangen war, schaute Tatjana Petrowna vorsichtig in alle Schreibtischschubladen und fand das Päckchen mit den gedrehten dicken Kerzen. Sie steckte welche in die Leuchter auf dem Flügel. Abends zündete sie die Kerzen an, setzte sich an das Instrument, und das Haus füllte sich mit Musik.

Als Tatjana Petrowna zu spielen aufhörte und die Kerzen löschte, strömte durch die Zimmer ein süßer Geruch wie unterm Tannenbaum.

Warja hielt es nicht aus.

»Warum faßt du fremde Sachen an?« sagte sie zu Tatjana Petrowna. »Mir erlaubst du es nicht, aber selber tust du es? Das Glöckchen, die Kerzen, den Flügel – alles faßt du an. Und fremde Noten hast du auch auf den Flügel gelegt.«

»Weil ich erwachsen bin«, gab Tatjana Petrowna zur Antwort.

Warja zog die Brauen zusammen und blickte sie zweifelnd an. Im Augenblick kam ihr TatjanaPetrowna am allerwenigsten wie eine Erwachsene vor. Sie strahlte geradezu von Kopf bis Fuß und glich am ehesten dem Mädchen mit den goldenen Haaren, das den kristallenen Pantoffel im Schloß verloren hatte. Tatjana Petrowna hatte Warja selbst von diesem Mädchen erzählt.

Noch im Zuge hatte sich Leutnant Nikolaj Potapow ausgerechnet, daß er höchstens vierundzwanzig Stunden beim Vater verbringen könne. Der Urlaub war sehr kurz, und die Reise nahm die ganze Zeit in Anspruch.

Der Zug kam in der kleinen Stadt am Tage an. Gleich dort auf dem Bahnhof erfuhr der Leutnant vom Stationsvorsteher, mit dem er bekannt war, daß sein Vater vor einem Monat gestorben sei und daß in ihrem Hause eine junge Sängerin aus Moskau mit ihrer Tochter wohne.

»Eine Evakuierte«, sagte der Stationsvorsteher.

Potapow schwieg, sah nach draußen, wo Reisende in Wattejacken und Filzstiefeln mit Teekesseln umherliefen. Ihm wurde schwindlig.

»Ja«, sagte der Stationsvorsteher, »er war eine gute Seele. Hat seinen Sohn nicht wiedersehen sollen.«

»Wann geht ein Zug zurück?« fragte Potapow.

»Morgen früh um fünf«, sagte der Stationsvorsteher

und fügte nach kurzer Pause hinzu, »bleiben Sie solange bei mir. Meine Frau wird Ihnen Tee geben und was zu essen. Nach Hause zu gehen hat ja keinen Zweck für Sie.«

»Danke«, antwortete Potapow und ging hinaus.

Der Stationsvorsteher sah ihm nach und schüttelte den Kopf.

Potapow ging durch die Stadt, zum Fluß. Über ihm hing ein blaugrauer Himmel. Zwischen Himmel und Erde trieb schräg ein feiner Schnee. Auf dem Weg lag Mist, trippelten Dohlen. Es wurde dunkel. Wind wehte vom anderen Ufer, aus dem Wald, ließ die Augen tränen.

»Je nun!« sagte Potapow. »Zu spät. Und jetzt ist das alles für mich wie fremd – dies Städtchen, der Fluß, das Haus.«

Er sah zurück und schaute auf den Steilhang hinter der Stadt. Da war der Garten im Rauhreif, lag dunkel das Haus. Aus seinem Schornstein stieg Rauch. Der Wind trug den Rauch zum Birkenwald.

Potapow schlug zögernd die Richtung auf das Haus ein. Er wollte das Haus nicht betreten, nur daran vorbeigehen, vielleicht einen Schritt in den Garten machen und ein wenig in der alten Laube stehen. Der Gedanke, daß im väterlichen Haus fremde, gleichgültige Menschen wohnten, war unerträglich. Lieber gar nichts sehen, sich das Herz nicht noch schwerer machen, wegfahren und die Vergangenheit vergessen!

Je nun, dachte Potapow, man wird eben erwachsen, jeden Tag mehr, man sieht alles mit mehr Ernst ringsum.

Potapow kam zum Haus, als es dämmerte. Er öffnete

die Gartentür vorsichtig, aber sie knarrte doch. Es war, als wenn der Garten zusammenzuckte. Von den Zweigen löste sich Schnee, raschelte leise. Potapow blickte sich um. Der Weg zur Laube war gefegt.
Potapow ging in die Laube hinein, er legte die Hände auf das alte Geländer. Fern hinter dem Wald stand der Himmel im trüben rosa Licht – da ging wohl hinter den Wolken der Mond auf. Potapow nahm die Mütze ab und fuhr sich mit der Hand durchs Haar. Es war sehr still. Nur unten, am Fuße des Abhangs, schepperten Frauen mit ihren leeren Eimern – sie gingen zum Eisloch Wasser holen.
Potapow stützte sich mit den Ellenbogen auf das Geländer und sagte leise:
»Wie kann das nur sein?«
Jemand berührte vorsichtig Potapow an der Schulter. Er sah sich um. Hinter ihm stand eine junge Frau mit blassem, strengem Gesicht, ein warmes Tuch um den Kopf. Schweigend schaute sie Potapow mit dunklen, aufmerksamen Augen an. Auf ihren Wimpern und Wangen taute Schnee, der wohl von einem Zweig herabgefallen war.
»Setzen Sie doch die Mütze auf«, sagte die Frau leise, »Sie erkälten sich. Und kommen Sie mit ins Haus. Sie brauchen hier nicht stehenzubleiben.«
Potapow schwieg. Die Frau faßte ihn am Ärmel und führte ihn den gefegten Weg entlang. An der Vortreppe blieb Potapow stehen. Ein Krampf schnürte ihm die Kehle zusammen, er konnte nicht atmen. Die Frau sagte ebenso leise:
»Lassen Sie nur, genieren Sie sich bitte nicht vor mir. Das geht rasch vorbei.«

Sie stampfte ein paarmal mit den Füßen, um den Schnee von den Schuhen abzutreten. Gleich zitterte und bimmelte im Flur das Glöckchen. Potapow atmete hörbar, holte tief Luft.

Er trat ins Haus, murmelte verlegen irgend etwas, zog im Flur den Mantel aus, spürte den schwachen Geruch des Rauchs von Birkenholz und sah Archip. Archip saß auf dem Sofa und gähnte. Neben dem Sofa stand ein kleines Mädchen mit Zöpfen und schaute Potapow mit freudigen Augen an, aber nicht in sein Gesicht, sondern auf seine goldenen Ärmellitzen.

»Kommen Sie!« sagte Tatjana Petrowna und führte Potapow in die Küche.

Dort stand ein Krug mit kaltem Brunnenwasser, dort hing das vertraute Leinenhandtuch mit den gestickten Eichenblättern.

Tatjana Petrowna ging hinaus, das Mädchen brachte Potapow Seife und sah zu, wie er die Jacke ablegte und sich wusch. Potapow war noch immer verlegen.

»Wer ist denn deine Mama?« fragte er das Mädchen und errötete.

Die Frage hatte er nur gestellt, um wenigstens irgend etwas zu sagen.

»Sie glaubt, daß sie erwachsen ist«, flüsterte das Kind geheimnisvoll. »Aber sie ist gar nicht erwachsen. Sie ist ein schlimmeres Mädchen als ich.«

»Wieso?« fragte Potapow.

Aber die Kleine antwortete nicht, lachte auf und lief aus der Küche.

Potapow wurde den ganzen Abend das sonderbare Gefühl nicht los, er lebe in einem leichten, nicht enden wollenden Traum. Alles im Haus war so, wie er es hatte wiedersehen wollen. Dieselben Noten lagen auf dem Flügel, dieselben gedrehten Kerzen brannten knisternd und beleuchteten das kleine Arbeitszimmer des Vaters. Auf dem Tisch lagen sogar seine Briefe aus dem Lazarett, lagen unter demselben alten Kompaß, unter den der Vater immer die Briefe gelegt hatte.

Nach dem Tee führte Tatjana Petrowna Potapow zum Grab des Vaters, hinter das Wäldchen. Ein verschleierter Mond stand schon hoch. In seinem Licht leuchteten schwach die Birken und warfen ihre leichten Schatten auf den Schnee.

Nachher aber, am späten Abend, wandte sich Tatjana Petrowna, als sie am Flügel saß und behutsam in die Tasten griff, an Potapow und sagte:

»Ich werde die ganze Zeit das Gefühl nicht los, als hätte ich Sie schon irgendwo gesehen.«

»Das kann schon sein«, antwortete Potapow.

Er betrachtete sie. Das Kerzenlicht fiel von der Seite auf ihr Gesicht und beleuchtete die eine Hälfte. Potapow stand auf, durchschritt das Zimmer von einer Ecke bis in die andere und blieb stehen.

»Nein, ich kann mich nicht erinnern«, sagte er mit tonloser Stimme.

Tatjana Petrowna wandte sich um, blickte Potapow erschrocken an, erwiderte aber nichts.

Für Potapow wurde im Arbeitszimmer auf dem Sofa das Bett gemacht, aber er konnte nicht einschlafen. Jede Minute in diesem Haus schien ihm kostbar, und er wollte sie nicht verlieren.

Er lag da, lauschte auf das Schleichen Archips, auf das Rasseln der Uhr, auf das Flüstern Tatjana Petrownas – sie besprach irgend etwas mit der Kinderfrau hinter

der geschlossenen Tür. Dann verstummten die Stimmen, die Kinderfrau entfernte sich, aber der Lichtstreifen unter der Tür erlosch nicht. Potapow hörte Seiten rascheln – Tatjana Petrowna las wohl. Potapow erriet: sie legt sich nicht schlafen, um ihn zum Zuge zu wekken. Er hätte ihr gern gesagt, daß er auch nicht schlafe, aber er traute sich nicht, Tatjana Petrowna zu rufen.
Um vier Uhr öffnete Tatjana Petrowna leise die Tür und rief Potapow. Er bewegte sich.
»Es ist Zeit, Sie müssen aufstehen«, sagte sie. »Es tut mir sehr leid, daß ich Sie wecken muß.«
Tatjana Petrowna begleitete Potapow durch die nächtliche Stadt zur Bahn. Unmittelbar vor der Abfahrt verabschiedeten sie sich. Tatjana Petrowna reichte Potapow beide Hände und sagte:
»Schreiben Sie mal. Wir sind doch jetzt wie Verwandte. Nicht wahr?«
Potapow antwortete nichts, er nickte nur mit dem Kopf.
Nach einigen Tagen bekam Tatjana Petrowna einen Brief Potapows von unterwegs.

»Ich habe mich natürlich erinnert, wo wir uns begegnet sind«, schrieb Potapow, »aber ich wollte es Ihnen dort, zu Hause, nicht sagen. Erinnern Sie sich an die Krim im Jahre 1927? Herbst. Alte Platanen im Park von Liwadija. Ein verblassender Himmel und das farblose Meer. Ich ging den Fußweg nach Oreanda. Auf einer Bank am Wege saß ein junges Mädchen. Sie mag wohl 16 Jahre alt gewesen sein. Sie erblickte mich, stand auf und kam mir entgegen. Als wir nebeneinander waren, sah ich sie an. Sie ging schnell und leicht an mir vorbei, ein aufgeschlagenes Buch in der Hand, ich blieb stehen und sah ihr lange nach. Dieses Mädchen waren Sie. Ich kann mich nicht geirrt haben. Ich sah Ihnen lange nach und fühlte damals, daß die Frau an mir vorbeigegangen war, die ebenso gut mein ganzes Leben zerstören wie mich grenzenlos glücklich machen konnte. Ich begriff, daß ich diese Frau bis zur vollkommenen Selbstentsagung lieben könnte. Schon damals wußte ich, daß ich Sie finden mußte, koste es, was es wolle. So dachte ich damals, doch rührte ich mich nicht von der Stelle. Warum, weiß ich nicht. Seitdem liebe ich die Krim und diesen Weg, wo ich Sie nur einen Augenblick gesehen und für immer verloren hatte. Aber das Leben war mir gnädig, ich fand Sie wieder. Und wenn alles gut ausgeht und Sie mein Leben brauchen, gehört es natürlich Ihnen. Ja, ich habe auf Vaters Tisch meinen geöffneten Brief gefunden. Ich habe alles verstanden und kann Ihnen aus der Ferne nur danken.«

Tatjana Petrowna legte den Brief beiseite, schaute mit verschleierten Augen durchs Fenster in den verschneiten Garten und sagte:
»Mein Gott, ich war doch nie auf der Krim! Niemals! Aber hat das etwa jetzt noch irgendeine Bedeutung? Und lohnt es sich, ihn zu enttäuschen? Und mich!«
Sie lachte auf, legte die Hand über die Augen. Draußen glomm ein mattes Abendrot, das durchaus nicht erlöschen wollte.

1943

Der alte Nachen

Der Zug hielt an. Da hörte man eine Hummel summen, die sich im Fenstervorhang verfangen hatte.
»Was für eine Station?« fragte eine verschlafene Stimme aus einem Abteil.
»Wir halten auf freier Strecke«, sagte der Schaffner. Er schritt eilig durch den Wagen und rieb sich die Hände mit Werg ab.
Natascha lehnte sich aus dem Fenster. Von dem erhöhten Bahndamm bis zum Horizont erstreckte sich ein Wald. Darüber hing eine düstere Wolke und bedeckte den halben Himmel. Schwärme weißer Vögel schwirrten vor ihr hin und her, wie die Schirmchen des Löwenzahns.
Ein Donner grollte weit entfernt und wälzte sich schwerfällig über den Wald hin. Der Donner grumpelte so lange, daß es schien, als rolle er rings um die ganze riesengroße Erde. Er wurde leiser, wenn er sich im Dickicht verfing, doch kaum war er zu den Schneisen und Lichtungen durchgedrungen, da grollte er noch dumpfer als zuvor.
»Was für ein Gewitter!« sagte jemand hinter Nataschas Rücken.
Sie blickte sich um: in der Tür des Abteils stand ein Mitreisender, ein junger Regisseur.
»Was für ein Gewitter! Wie prächtig gemacht!« wiederholte er und betrachtete den Gewitterhimmel mit einer Miene, als handle es sich um ein Bühnenbild. »Wissen Sie nicht, was das für Vögel sind?«

»Nein«, antwortete Natascha.
»Das sind Wildtauben«, sagte ein bejahrter Förster mit einer Hornbrille und lächelte Natascha an. »Wie, das wissen Sie nicht? Sie haben doch das Abitur!«
»Ich bin aus der Stadt«, entgegnete Natascha und wurde verlegen.
Der Zug ruckte an und kroch zurück. Unvermittelt wurde es dunkel.
Plötzlich fuhr der Wind in die Vorhänge und warf auf dem Tischchen ein Glas mit Blumen um. Das gelbliche Wasser ergoß sich plätschernd auf den Boden.
Vor den Fenstern zuckte ein Blitz auf, und sofort krachte es im Walde fürchterlich und trocken, als habe es eine große Kiefer geknickt.
»Was ist los?« fragte mit weinerlicher Stimme eine kleine schmächtige Frau in einem lila Pyjama. Ihr schöntuendes Gezwitschere war beim ersten Donnerschlag verschwunden.
Die Mitreisenden schoben rasch die Fenster hoch und schauten auf die Wolke. Blitze rissen in ihr bedrohliche Höhlen auf, Sturmtrichter, trübe Regenzotteln. Riesige Kontinente aus schwarzer Asche und grauem Staub stürzten auf die Erde. In der schrecklichen Schwärze leuchtete immer wieder beim Aufzucken der Blitze ein und dieselbe dürre weiße Birke auf. Es war unbegreiflich, warum dieses flüchtige Licht nur diese eine Birke aus der Dunkelheit herausriß, während ringsum Tausende anderer Bäume im Winde rauschten.
»Schaffner, was ist denn eigentlich los?« rief die Frau im lila Pyjama. »Warum fahren wir rückwärts?«
»Die Strecke vor uns ist unterspült«, antwortete mürrisch der Schaffner. »Sie sehen doch, was das für ein

Gewitter ist! Wir fahren zurück nach Sinesjorki. Dort bleiben wir, bis die Strecke repariert ist.«

»Empörend!« sagte die kleine Frau, kniff entsetzt die Augen zusammen und warf die Tür des Abteils zu.

Der tote Wald erbebte von dem trüben Schein und schien lebendig zu werden: die Zweige, schwarzen, zerrissenen Ärmeln gleich, schwankten im Wind und streckten sich alle nach einer Seite zum letzten Lichtschein unter dem tiefhängenden Vorhang der Wolken. Es war, als klammerten sich die Bäume an das letzte Stückchen reinen Himmels und riefen um Hilfe.

Auf das Dach des Wagens trommelte schwer der Wolkenbruch.

»Hastig zuckt ein Blitz hernieder und schlägt mit schwerem Schlage ein«, sagte unerwartet der Förster.

Der Regisseur lachte nur mit den Augen.

»Von wem ist das?« fragte Natascha.

»Von Lukrez«, antwortete der Förster und errötete.

An allem merkte man, daß der Förster glücklich und verlegen zugleich war. Glücklich war er, weil er in Urlaub auf die Krim fuhr, wo er seit seiner Kindheit nicht mehr gewesen war. In seiner Erinnerung lebten noch die steilen, mit Dornengestrüpp bewachsenen Felsen und das aus unheimlicher Ferne heranströmende und an ihrem Fuß brandende Meer.

Verlegen machten ihn die Mitreisenden. Durch ihre betonte Höflichkeit, ihre Pyjamas und ihre Kurortgespräche. Sie führten sie untereinander, ohne sich jemals an ihn zu wenden. Wenn sie sich lässig über die Hotels, die Portiers und die amerikanischen Wagen unterhielten, fühlte er, daß sie Menschen von ganz anderer Lebensart waren und daß er, der Förster, der für die

Reise einen neuen grauen Anzug angezogen hatte, ihnen völlig gleichgültig war. Sie waren scharfe Beobachter, diese Mitreisenden, und wußten anscheinend, daß es sein einziger Anzug war und ein mittelmäßiger Schneider aus Kostroma ihn genäht hatte. Er ging vorsichtig mit ihm um und beneidete den Regisseur. Dieser flegelte sich auf dem Polster, die weißen Hände in den Taschen der hocheleganten Hose, rauchte »Elite« und störte sich überhaupt nicht daran, daß sein offenes Jackett dabei faltig wurde und die Asche auf die zu einem nachlässigen Knoten gebundene auffällige Krawatte fiel.

Die einzige Mitreisende, die den Förster nicht verlegen machte, war Natascha, ein schüchternes, schmächtiges Mädchen. Immer wieder hatte der hereinwehende Wind ihr die Haare zerzaust, und ein paarmal war ihr etwas ins Auge geflogen.

Einmal hatte der Förster ihr geholfen, einen solchen Fremdkörper aus dem Auge zu entfernen, war aber gleich verlegen geworden, als Natascha ihm hierfür ein hauchdünnes, schwach parfümiertes Taschentuch gereicht hatte.

Ein Hinterwäldler, dachte der Förster von sich. Ein verdammter Provinzler.

»Was für ein hübscher Name ›Sinesjorki‹«, murmelte der Regisseur. »›Sinesjorki‹! Blauseen, Blaue Seen! Das muß man sich merken.«

»Hier gibt es viele Seen, in diesen Wäldern«, sagte der Förster.

»Ach, kennen Sie diese Gegend?«

»Ja, schon ... ein wenig ... Vor fünfzehn Jahren habe ich hier gearbeitet: Wald angepflanzt.«

»Aha, das ist interessant«, sagte der Regisseur gedehnt, aber aus seinem Gesicht schloß der Förster, daß das keinen interessierte. »Wir haben verteufeltes Pech. Was hätte es dem Gewitter ausgemacht, wenn es sich hier nicht heute entladen hätte, sondern morgen?!«

»Ja, wirklich ärgerlich«, stimmte der Förster zu.

Er dachte darüber nach, daß er eigentlich schon lange vorgehabt hatte, nach Sinesjorki zu fahren, in die altvertraute Gegend, daß aber immer etwas dazwischen gekommen war. Und auch jetzt würde der Zug eine oder zwei Stunden in Sinesjorki stehen, bis die Strecke wieder in Ordnung gebracht war, und außer dem langweiligen Bahnhof, wo die Hühner auf dem Bahnsteig geschäftig herumlaufen, würde er nichts zu sehen bekommen.

»Ja, schade!« seufzte der Förster.

Auch Natascha war aufgeregt. Sie war noch nie auf der Krim gewesen, und sie kam ihr wie etwas Blaues, Nebelhaftes vor, das nach Nelken roch. Sie wollte so schnell wie möglich das Meer sehen. Man hatte ihr erzählt, man bekäme es ganz plötzlich zu sehen und es gliche einer hohen Wolke.

In Sinesjorki war es menschenleer. Im Fenster des Stationsvorstehers brannte eine Petroleumlampe, und es war schwer auszumachen, ob der Abend bereits angebrochen war oder ob die Dunkelheit vom Regen herrührte.

Der Regen hatte aufgehört. Aus dem Walde roch es nach feuchtem Sägemehl.

Der alte Wassilij wendete in seinem Leiterwagen das feuchte Heu und schaute auf den Zug: »Wohin diese

Leute bloß fahren, immer hin und her, hin und her?!«
Sein Pferdchen hatte den Kopf bis über die Ohren in den Hafersack gesteckt, kaute eifrig und lauschte dem Gebrabbel des alten Mannes, wartete auf den gewohnten Anruf: »Hü-a, du Satan! Hast dich auf Staatskosten vollgefressen!« Nach einem solchen Anruf blieb immer nichts anderes übrig, als tief Atem zu holen und mit hängendem Kopf den Leiterwagen auf dem Sandweg zum See zurückzuziehen.
Aber unverhofft warf Wassilij die Zügel hin und lief zum Zug hinüber. Er trat an ein beleuchtetes Fenster eines Polsterklassewagens und klopfte mit der Peitsche an die Scheibe.
»Pjotr Matwew!« rief er mit schwacher, brüchiger Stimme. »He, Pjotr Matwew!«
Am Gangfenster stand der Förster und unterhielt sich mit Natascha. Der Förster sah den alten Mann genau an und öffnete das Fenster.
»Erkennst du mich nicht?« fragte Wassilij und lachte pfiffig. »Ich habe dich gleich von ferne erkannt, vom Wagen aus. Daß Gott uns wieder zusammengeführt hat, was soll man da sagen!«
»Wassilij!« rief der Förster, ging schnell auf die Plattform hinaus, sprang auf den Sand und umarmte den Alten. »Lebst du noch?«
»Ja, ja«, antwortete der alte Mann und wischte sich mit dem Ärmel das Gesicht. »Ich lebe noch und placke mich ab. Der Tod stapft nebenher, aber in meine Hütte einzutreten, das fällt ihm nicht ein. Vergessen hast du uns, Pjotr Matwew, wirklich und wahrhaftig, vergessen! Doch ohne dich ist unser Leben, offengestanden, schon kein Leben mehr!«

»Wieso denn nicht? Was klappt denn bei euch nicht?«

»Als ob du das nicht selber wüßtest?« fragte Wassilij zweifelnd. »Als ob du zeitlebens keine Zeitung gelesen hättest, Pjotr Matwew?«

»Was ist denn los? Sag es doch, red nicht herum.«

»Ich brauch nicht herumzureden. Wie oft hat es in unserer Bezirkszeitung gestanden«, sagte der alte Wassilij mit einem Seufzer. »Da hat es gestanden, immer wieder, aber bei Licht besehen ist nichts dabei herausgekommen. Da sieht man es wieder – mit der Schreiberei allein bringt man nichts zustande, damit kann man einen Wald nicht retten.«

»Wovon redest du eigentlich?« fragte der Förster. »Mach keine Umschweife, sprich gerade heraus.«

Der alte Mann nahm die Mütze ab und warf sie in den ölverschmutzten Sand.

»Ach, Pjotr Matwew, Pjotr Matwew! Dein junger Wald hat nicht lange leben sollen.«

»Abgebrannt?« fragte erschrocken der Förster.

»Warum abgebrannt? Einen Waldbrand hat es bei uns, Gott bewahre, nicht gegeben, aber seit diesem Frühjahr fressen ihn die Raupen, fressen ihn wie auf Kommando, und jetzt, denk mal, hat das verfluchte Viehzeug schon die Hälfte aufgefressen. Der neue Forstmann wird damit überhaupt nicht fertig. Man ließe ihm, weißt du, überhaupt keine freie Hand, gäbe ihm kein Gift, er schickt hierhin ein Schreiben, dorthin ein Schreiben, und kommt man zu ihm, hört man immer dieselben Worte: ›Keine Antwort vom Bezirk!‹ So sitzen wir da und wetzen die Hosenböden blank. ›Keine Antwort und wieder keine Antwort.‹ Und der Wald!« sagte Wassilij laut und schluchzte auf. »Was hatten wir beide,

Pjotr Matwew, doch für einen Wald gepflanzt! Kiefer an Kiefer, wie die schönsten Schwestern! Bei Gott, ob du's glaubst oder nicht, wenn ich in den Wald hineingehe, ich nehme die Mütze ab und stehe wie betäubt: wie schön ist er doch!«

Er hob die Mütze auf, betrachtete sie und stülpte sie auf die verfilzten grauen Haare.

»Was soll man da machen, Wassilij?« fragte der Förster und schaute sich um. Auf dem Trittbrett des Wagens stand Natascha und hörte sich stirnrunzelnd die Klagen des alten Mannes mit an.

»Wenn ein Vater seine Kinder ohne Hilfe im Stich läßt«, sagte der Alte bitter, »so hat er Gewissensbisse, und außerdem kommt er vors Volksgericht. Doch ein Baum? Ein Baum kann nicht reden. Bei wem sollte sich ein Baum beschweren? Bei mir allein, bei mir Dummkopf von einem Waldhüter.«

»Was soll man denn tun, Wassilij?« fragte der Förster verwirrt.

»Die Bestäubung«, brummte der Alte, ohne auf den Förster zu hören. »Dieses Jahr im Frühling, als der Blütenstaub reif war, kam ein Wind und trug ihn wie goldenen Rauch über den See. Mein Lebtag habe ich solchen Blütenstaub noch nicht gesehen.«

Der alte Waldhüter schwieg.

»Pjotr Matwew«, sagte er flehend und faßte den Förster am Ärmel. »Tu mir altem Mann mal einen Gefallen: laß uns zusammen an den See fahren, uns das einmal ansehen. Sag mir dann nur, wie man ihn retten kann, den Wald da, und fahr halt in Gottes Namen weiter, ich werde dann schon irgendwie selbst damit fertig.«

»Du Kauz!« sagte der Förster. »Der Zug fährt doch in

zwei, drei Stunden ab. Wie stellst du dir denn das bloß vor?«
»Er fährt nicht ab!« sagte Wassilij überzeugt. »Kann ja gar nicht abfahren. Die Strecke ist auf zwei Kilometer unterspült. Morgen gegen Mittag fährt er ab, nicht früher.«
Der Förster wandte sich wieder Natascha zu. Sie schaute immer noch mit gerunzelter Stirn auf den alten Mann.
»Laß uns zum Stationsvorsteher gehen«, sagte er entschlossen. »Und wenn der auch nur eine Spur von Gewissen hat, wird er es dir bestätigen. Los, gehen wir!«
»Was soll ich bloß mit dir machen!« sagte ärgerlich der Förster. »Du hast mich mit deinem Gerede ganz verwirrt.«
»Fahren Sie nur, Pjotr Matwejewitsch«, sagte unerwartet Natascha. »Sie werden es schon schaffen.«
»Sie glauben, ich werde es schaffen?« fragte der Förster, lachte und fühlte sich plötzlich erleichtert. »Sie glauben, ich werde es schaffen?«
»Darf ich mitfahren?« fragte Natascha.
»Oh, mein Fräulein, mein schönes Mädchen, liebe Genossin«, sagte der alte Wassilij und verneigte sich tief vor Natascha. »Wie sollte man dich nach einer so lieben Fürsprache nicht mitnehmen? Fahren wir. Solange wir im Walde herumlaufen, magst du am See bleiben. Wir haben einen See mit silbrigem Wasser, so einen gibt es in der ganzen Sowjetunion nicht noch einmal.«
»Los, auf zum Stationsvorsteher!« sagte der Förster. »Verwirrt hast du mich, Alter, ganz und gar.«
Der Stationsvorsteher meinte, die Strecke würde kaum

vor morgen mittag ausgebessert sein.
Der Förster, der alte Waldhüter und Natascha fuhren zum See. Die Abfahrt rief bei den Mitreisenden mißbilligendes Befremden und die in solchen Fällen üblichen vagen Ausrufe hervor: »Aber ich bitte Sie!« »Also wissen Sie, das hätte ich nicht erwartet!«
Das Pferdchen zog den Wagen ohne Eile, spielte mit den Ohren – nachts war der kranke Wald ohnehin nicht zu sehen und keine Lösung zu finden.
Die Räder knarrten über die grasüberwucherten dunklen Wege. Stille – sie kam Natascha so tief vor, wie nächtliches Wasser – stand in den Wäldern. Nur in den feuchten Schonungen riefen ab und an schlaftrunken irgendwelche Vögel.
Gegen Mitternacht klarte es auf, und über den Kronen der Kiefern begann der Himmel mit kalten Lichtern zu flimmern. Aber Natascha erkannte die Sterne nicht wieder: die Sternbilder verloren sich in den Zweigen der Bäume und hatten nicht mehr die vertrauten Umrisse.
Das Waldgebiet, rätselhaft und groß wie ein Ozean, erstreckte sich ringsum im Dunkel der Nacht, im Geruch nach Moder und feuchtem Laub, in der scharfen Luft der unberührten Dickichte, im ununterbrochenen Flimmern des Himmels. Natascha sprach flüsternd, auch der alte Wassilij und der Förster sprachen nur halblaut.
»Unser uraltes schönes Land«, murmelte Wassilij mit einem Seufzer. »Diese Wälder reichen bis ans Ende der Welt. Es gibt nichts Schöneres auf der Erde.«
»Schlaf – schlaf!« rief irgendwo über ihren Köpfen ein wachgewordener Vogel. »Schlaf – schlaf!«
Ich schlaf ja schon, dachte Natascha und lachte auf von

einem unerwarteten Glücksgefühl. Es wurde ihr sogar kalt vor Freude, und sie wünschte sich, daß diese Nacht nie enden möge, daß der Leiterwagen immer weiter gemächlich über die Wurzeln rumpeln und der Wald immer urwüchsiger, unheimlicher werden möge.

»Da sind wir wohl«, sagte der alte Waldhüter.

Es wurde heller. Natascha blickte sich um und begriff zuerst gar nichts: der Sternenhimmel lag unmittelbar am Wege, und leise plätscherte es gegen ein unsichtbares Ufer.

»Der See«, sagte der Förster. »Wie viele Sterne in ihm, wie im Herbst!«

Heiser bellte ein Hund. Der Wagen hielt an einem Waldhüterhäuschen an, unter schwarzen Weiden. Die Hühner auf der Stange gerieten in Aufregung. Der alte Wassilij ging in das Häuschen, zündete die blecherne Petroleumlampe an und leuchtete Natascha und dem Förster.

Natascha trat in die Hütte. Dort roch es stark nach Asche, getrockneter Pfefferminze, nach der Wärme eines alten Blockhauses.

Natascha trank etwas Milch und fiel sogleich auf der vor Alter blanken, breiten Bank in Schlaf. Wassilij legte ihr seinen neuen Kittel unter den Kopf.

Sie erwachte sehr früh. Eine weiße Sonne stand über dem Wald. In der Hütte war niemand, nur ein schwarzer Hund saß unter dem Tisch, schaute verwundert auf Natascha und flöhte sich.

Daß es nur nicht zu spät wird! dachte Natascha, sie sprang auf und richtete ihr Haar.

Die Wanduhr war stehengeblieben, offenbar seit langem: die anstelle eines Gewichtes aufgehängte Flasche

mit Wasser war ganz von Spinnweben überzogen.
Natascha ging in den kühlen Flur hinaus. Der Hund lief hinter ihr her und klopfte schmeichelnd mit dem Schwanz an die Eimer und das auf dem Boden liegende Pferdegeschirr.
Niemand war da. Natascha öffnete die Tür zur Außentreppe und holte tief Atem. Ein runder heller See lag dort dicht vor ihr, gleich hinter der Schwelle, in kaum wahrnehmbarem Dunst. In dem See spiegelten sich hohe Bäume. Das Wasser an dem weißen Ufersand war so sauber, daß es leicht, schwerelos schien. In ihm schliefen, kaum die Flossen regend, kleine silberne Fische.
Ein altersgrauer, ausgetrockneter Nachen war aufs Ufer gezogen. Natascha badete im See, zog sich an und ging zu dem Nachen. Es gab noch eine Bank darin. Natascha setzte sich darauf. Die Bank war warm von der Sonne.
Durch die Ritzen des Nachens waren hohe Blumen und Gras hindurchgewachsen. Dicht vor Nataschas Füßen blühte ein schlanker Busch rosa Weidenröschen. Am Bug, wo den Nachen eine rostige Eisenstange zusammenhielt, wuchs eine Immortelle, und durch den Sand auf dem Boden des Nachens zwangen sich Lichtnelken. Stark und süß roch es nach Schilf und nach Kiefernspänen. Der schwarze Hund hatte sich neben den Nachen gelegt und gähnte. Tief unter der Erde zirpten die Maulwurfsgrillen.
Und der Zug? dachte Natascha und wunderte sich: dieser Gedanke beunruhigte sie gar nicht.
So saß sie etwa eine Stunde. Sie hörte, wie auf den Wiesen jenseits des Sees die Kraniche leise Zwiesprache

hielten, dann schnatterte aufgeregt eine Ente – und von neuem war alles still.
Als erster kam der alte Waldhüter. Er begrüßte Natascha freundlich, setzte sich auf den Sand neben den Nachen und sagte:
»Wegen des Zuges mach dir keine Sorgen. Laß mich mal noch ein bißchen rauchen, dann spanne ich den Maltschik an und fahre dich zum Bahnhof. Meine guten Wünsche begleiten dich: hab eine schöne Reise, laß es dir gut gehen in der Stadt mit den goldenen Kuppeln am warmen Meer.«
»Und wo ist Pjotr Matwejewitsch?«
Der Alte lächelte verschmitzt:
»Gleich wird er da sein. Dem ist jetzt alles egal!«
»Was ist mit ihm?« fragte Natascha erschrocken.
»Er wird es schon erzählen«, sagte Wassilij und klopfte seinen rissigen Pfeifenkopf am Bord des Nachens aus. »Hör mal zu. Was meinst du, wie alt der Nachen ist? Nicht jünger als ich. Wir sind der gleiche Jahrgang. Schau, wie bewachsen er ist mit lauter Blumen, lauter Gras. Die da nennen wir hierzulande Traumblume«, er zeigte auf die Lichtnelke. »Schau sie dir genau an, die Blume: tagsüber träumt sie, aber wenn die Nacht kommt – dann öffnet sie sich und duftet nach Honig – und so bis zum Morgen. Zugegeben, der Nachen ist schlecht, hat ausgedient. Der neue Förster kam neulich vorbei und lachte: ›Du solltest, Wassilij‹, sagte er, ›damit Kartoffeln kochen, wozu liegt denn das Brennholz unnütz herum.‹ Ich aber glaube: Nein, die Zeit, Kartoffeln damit zu kochen, ist noch nicht gekommen. Da soll man noch etwas warten.«
»Tut dir wohl leid?« fragte Natascha.

»Natürlich tut er mir leid. Überleg doch nur: morsch ist er durch und durch, aber fürs Leben taugt er noch.«
»Wieso?« fragte Natascha. »Das verstehe ich nicht.«
»Was ist da zu verstehen!« sagte der Alte ärgerlich. »Dieser Nachen ist ganz morsch, aber aus jeder Ritze wächst eine Blume hervor, und wenn ich ihn mir so anschaue, dann muß ich immer denken: Vielleicht bin auch ich, ich alter Mann, für das Leben noch irgendwie nützlich. Und so mühe ich mich immer weiter. Vor den grauen Haaren braucht man keine Angst zu haben. Die Hauptsache ist, daß man das Herz am rechten Fleck hat. Habe ich nicht recht?«
»Ja, durchaus«, antwortete Natascha und lachte.
»Na also! Glaub mir nur!«
Da kam der Förster. Der alte Wassilij stand ächzend auf und ging, seinen Maltschik anzuspannen. Der Förster war kurz angebunden, verlegen. Er fragte Natascha, wie sie geschlafen habe, ob sie am Morgen Milch getrunken habe, und verstummte.
»Wir kommen doch nicht zu spät?« fragte Natascha.
»Aber nein, ich glaube nicht«, sagte der Förster, errötete und fügte, ohne Natascha anzusehen, hinzu: »Es ist nämlich so, daß ich nicht mitfahre.«
Natascha schwieg erstaunt.
»Ja, nicht mitfahre!« sagte unwirsch der Förster. »Es hat sich herausgestellt, die Sache ist nämlich folgende ... Mit einem Wort, ohne mich werden sie damit nicht fertig. Der Wald geht ein. Ich habe ihn doch selber gepflanzt, wissen Sie, es täte mir leid ...«
»Ich verstehe schon«, sagte Natascha.
»Überhaupt wird es mir hier, offengestanden, besser gehen als auf der Krim. Schade nur, daß die Genehmi-

gung für den Kuraufenthalt verfällt. Nun ja, bei Gott, es gibt Schlimmeres! Aber an Sie habe ich eine große Bitte: übergeben Sie meinen Koffer dem Wassilij, er bringt ihn her.«

»Schon recht«, sagte Natascha und seufzte, »ich beneide Sie sogar.«

»Hü-a, du Satan!« rief heiser der alte Mann neben der Waldhütte, »hast dich auf Staatskosten vollgefressen!«

»Schon recht, leben Sie wohl!« sagte Natascha und drückte dem Förster schüchtern die Hand.

Der Zug jagte um eine weite Kurve, und Natascha erkannte: hier an dieser Stelle hatte ihn gestern das Gewitter überrascht. Die Wagen flogen kreischend über einen kleinen sauberen Fluß, Natascha gelang es, die verstaubte Aufschrift auf einer Tafel an der Brücke zu lesen: Moschka.

Ein breiter Regenbogen stand über den Wäldern: dort, irgendwo hinter dem See, ging ein schwacher Regen nieder.

Der Regenbogen schien Natascha wie der Eingang zu einem herrlichen, geheimnisvollen Land, wo Pjotr Matwejewitsch und der alte Wassilij herrschen und beim Morgengrauen die Kraniche rufen.

Fern im Gebüsch glitzerte helles Wasser. Ob das der See war? Natascha lehnte sich aus dem Fenster und blickte lange zu dem Glitzern des Wassers inmitten des Laubes hinüber, zu dem Regenbogen, und das Herz krampfte sich ihr zusammen: Wenn man doch hier bis zum Herbst bleiben könnte?!

Das Pfeifen der Lokomotive tönte zum Abschied, und

die Wälder begannen, dieses kurze Pfeifen weiterzugeben, sie trugen es in das undurchdringliche Dickicht und gaben es unerwartet als helles, vielstimmiges Echo wieder.

1939

Die Brise

Den ganzen Tag über regnete es. Der Wind war kalt und böig. Solches Wetter gibt es in Moskau Anfang Mai häufig. Alles war grau: der Himmel, der Rauch über den Dächern, selbst die Luft. Nur der Asphalt glänzte wie ein schwarzer Fluß.

Zu dem alten alleinstehenden Arzt in das große Haus am Ufer der Moskwa kam ein junger Marinesoldat. 1942 war er während der Belagerung Sewastopols schwer verwundet und in die Etappe verlegt worden. Der Doktor hatte ihn lange behandelt, und schließlich hatten sie sich befreundet. Jetzt war der Matrose für einige Tage von der Schwarzmeerflotte gekommen. Der Doktor hatte ihn zu einer Flasche Kachetiner Wein eingeladen und gebeten zu übernachten.

Um Mitternacht meldete das Radio die Einnahme Sewastopols durch unsere Truppen. Auf ein Uhr nachts war Salut festgesetzt, auf jene Stunde, wenn die Straßen Moskaus ganz leer sind.

Beim Warten auf den Salut plauderten der Doktor und der Matrose im halbdunklen Arbeitszimmer.

»Es würde mich interessieren«, sagte der Doktor und trank einen Schluck Wein, »woran ein Mensch denkt, wenn er schwer verwundet ist. Sie, zum Beispiel, woran haben Sie damals vor Sewastopol gedacht?«

»Ich hatte vor allem Angst, eine Zigarettenschachtel von ›Kasbek‹-Papirossy zu verlieren«, antwortete der Matrose. »Sie wissen natürlich, daß auf dem Deckel der schneebedeckte Gipfel des Kasbek aufgedruckt ist. Ich wurde beim Morgengrauen verwundet. Es war noch kühl von der Nacht her. Im Nebel leuchtete die frühe Sonne. Es kam ein heißer, schwerer Tag auf. Ich verlor viel Blut, dachte aber an die Schachtel und an die Schneemassen auf dem Kasbek. Ich wollte, daß man mich in den Schnee eingrübe. Ich war überzeugt, daß davon das Blut aufhören würde zu fließen und ich leichter atmen könnte. Die Sonne aber stieg immer höher. Ich lag im Schatten einer zerstörten Mauer, und dieser Schatten wurde mit jeder Minute schmaler. Schließlich begann die Sonne auf meine Beine zu brennen, dann auf den Arm, und sehr lange mühte ich mich, diesen Arm so zu heben und hinüber zu bewegen, daß die Handfläche die Augen vor dem Licht schützt. Vorläufig fühlte ich keinen besonderen Schmerz. Aber ich erinnere mich genau, daß ich die ganze Zeit über wegen der Kasbek-Schachtel in Unruhe war.«

»Warum hatten Sie solche Angst, sie zu verlieren?«

»Ja, wie soll ich Ihnen das sagen . . . Fast alle, die neu an die Front kommen, haben eine dumme Angewohnheit: auf alles, was sie mit sich schleppen, schreiben sie die Adressen nahestehender Menschen. Auf die Hüllen der Gasmasken, auf die Brotbeutel, ins Futter der Feldmützen. Immer denkt man, man könnte ums Leben kommen, und es ließe sich keine Spur finden. Später gibt sich das natürlich.«

»Wessen Adresse hatten Sie denn auf Ihre Schachtel geschrieben?« fragte der Doktor und zwinkerte vieldeutig.

Der Matrose wurde rot und gab keine Antwort.

»Nun gut«, sagte der Doktor rasch. »Lassen wir das.«

In diesem Augenblick klingelte es. Der Doktor ging in

den Flur und öffnete die Tür. Eine junge weibliche Stimme war, ganz atemlos, aus der Dunkelheit zu hören: »Gleich ist der Salut. Darf ich ihn mir von Ihrem Balkon aus ansehen?«

»Ja natürlich, gern!« antwortete der Doktor. »Was ist denn mit Ihnen? Im Laufschritt von der dritten zur achten Etage gesprungen? Sie wollen sich wohl das Herz kaputt machen! – Machen Sie bitte das Licht aus«, sagte der Doktor vom Flur aus zum Matrosen, »und lassen Sie uns auf den Balkon gehen. Nur, ziehen Sie den Mantel über. Der Regen ist noch nicht vorbei.«

Der Matrose stand auf und schaltete das Licht aus. Im Flur begrüßte er die unbekannte Frau. Ihre Finger stießen in der Dunkelheit aneinander. Die Frau fand tastend die Hand des Matrosen und drückte sie leicht.

Sie gingen auf den Balkon. Es roch nach feuchten Blechdächern und nach Herbst. Der erste Frühling ist oft dem Herbst so ähnlich.

»Nun«, sagte der Doktor vor Regenkälte schaudernd, »was geschah denn eigentlich mit Ihrer Kasbek-Schachtel?«

»Als ich wieder zu mir kam, war die Schachtel weg. Offenbar hatten die Sanitäter sie weggeworfen. Oder die Schwester, die mich verbunden hat. Aber etwas ist da seltsam . . .«

»Was?«

»Die . . . das heißt der Mensch, dessen Adresse auf der Schachtel stand, hat einen Brief bekommen, daß ich verwundet sei. Ich selbst hatte nicht geschrieben.«

»Das ist doch nicht seltsam«, sagte der Doktor. »Jemand hat die Schachtel an sich genommen, die Adresse gesehen und geschrieben. Eine ganz gewöhnliche Ge-

schichte. Aber Sie sind anscheinend geneigt, ihr eine übertriebene Bedeutung beizumessen.«
»Nein, warum denn?« entgegnete der Matrose verwirrt. »Übrigens war dieser Brief für mich zu jener Zeit schon nicht mehr nötig.«
»Warum?«
»Ja, wissen Sie«, antwortete der Matrose zögernd, »Liebe ist wie eine Brise. Tags weht sie vom Meer zum Ufer, nachts – vom Ufer aufs Meer. Nicht alle warten so ergeben und geduldig, wie wir es gerne möchten.«
»Ach nein«, bemerkte spöttelnd der Doktor, »Sie reden ja wie ein waschechter Dichter.«
»Mein Gott«, rief die Frau, »was für ein prosaischer Mensch Sie doch sind, Doktor!«
»Nein, ich bitte Sie!« brauste der Doktor auf.
In diesem Augenblick flammte der rötliche Feuerschein der ersten Salve auf. Der Kanonendonner rollte über die Dächer. Hunderte von Raketen zischten durch den Regen in den trüben Himmel. Ihr Schein tauchte die Stadt und den Kreml in vielfarbiges Licht. Sie spiegelten sich im Asphalt.
Für einige Augenblicke war die Stadt aus dem Dunkel gerissen. All das wurde sichtbar, was die Bewohner des hohen Hauses jeden Tag sahen: der Kreml, die breiten Brücken, die Kirchen und die Häuser des Samoskwaretschje.
Aber alles das war ganz anders als bei Tageslicht. Der Kreml schien in der Luft zu schweben und ganz leicht zu sein. Der entschwindende Glanz der Raketen und der Regennebel machten die strengen Linien seiner Kirchen, der Festungsmauern und des Glockenturmes von Iwan dem Großen weicher. Die erhabenen Gebäu-

de verloren an Schwere. Sie entstanden wie das Aufflammen des Lichtes im Pulverdampf der Raketen. Sie schienen aus weißem Stein geschaffen, von innen mit rosa Feuer erleuchtet.
Immer, wenn eine Raketenserie verlöschte, verlöschten auch die Gebäude, als ob sie selbst die Quelle dieses pulsierenden Feuers wären.
»Ein richtiger Feenzauber ist das!« sagte die Frau. »Schade, daß es nur ein Salut von vierundzwanzig Schuß ist und nicht von hundertvierundzwanzig.«
Nach kurzem Schweigen fuhr sie fort:
»Sewastopol! Erinnern Sie sich, was für ein sehr, sehr durchsichtiges und grünes Wasser dort ist? Besonders unter dem Heck der Dampfer. Und der Geruch der von den Geschossen gebrochenen trockenen Akazien.«
»Bitte, wieso: Erinnern Sie sich?« sagte der Doktor. »Wen fragen Sie? Ich war nicht in Sewastopol.«
Die Frau antwortete nicht.
»Aber ich erinnere mich an all das gut«, sagte der Matrose. »Sie waren in Sewastopol?«
»Etwa zur selben Zeit wie Sie«, antwortete die Frau.
Der Salut war zu Ende. Die Frau ging fort, kehrte aber nach einigen Minuten zurück, klagte über Kopfschmerzen, erbat beim Doktor Pyramidon, verabschiedete sich unsicher und ging wieder fort.
In der Nacht wachte der Matrose auf. Er schaute aus dem Fenster. Es hatte aufgehört zu regnen. In den Flächen zwischen den Wolken leuchteten die Sterne. »Das Wetter schlägt um«, dachte er, »darum kann ich auch nicht schlafen.« Er dämmerte wieder ein. Eine eindringliche Stimme sagte ganz nahe neben ihm: »Was für ein sehr, sehr durchsichtiges Wasser dort ist!« Er

wachte auf und öffnete die Augen. Im Zimmer war natürlich niemand.

Er langte nach der Papirossy-Schachtel auf dem Stuhl. Sie war leer. Er erinnerte sich, daß er noch Papirossy in der Manteltasche hatte. Er stand auf, warf sich den Bademantel um, der über der Stuhllehne hing, ging in den Flur und schaltete das Licht an. Auf dem Tisch vor dem Spiegel lag auf seiner Matrosenmütze eine eingerissene und zerdrückte Kasbek-Schachtel. Ein großer schwarzer Fleck bedeckte das Bild des Schneeberges.

Der Matrose, der noch nichts begriff, nahm die Schachtel und öffnete sie – sie war leer. Auf der Innenseite des Deckels sah er die bekannte Adresse in seiner eigenen Handschrift. »Wieso ist sie hier?« dachte er. »Ist etwa . . .« Erschrocken machte er schnell das Licht aus und kehrte, die Schachtel fest in der Hand haltend, in das Zimmer zurück. Bis zum Morgen konnte er nicht mehr einschlafen.

Dem Doktor sagte der Matrose am Morgen nichts. Er rasierte sich lange und wusch sich mit kaltem Wasser. Seine Hände zitterten. »Wie dumm!« dachte er, »verteufelt!«

Sonnendurchtränkt lag der Nebel über Moskau. Die Fenster standen weit offen. Die nächtliche Frische floß durch sie herein. Der Morgen wurde in dem feuchten Glanz geboren, den der Regen hinterlassen hatte. In diesem Morgen lag schon das Vorgefühl eines langen Sommers, der warmen Regen, der durchsichtigen Sonnenuntergänge und der unter den Füßen aufwirbelnden Lindenblüten.

Der Matrose war aus irgendeinem Grunde überzeugt, daß dieser Morgen auch nicht anders sein konnte. Die

Stille beim Morgengrauen, etwas so Seltenes in Moskau, besänftigte seine Aufregung nicht, sondern im Gegenteil – verstärkte sie.
»Wirklich verteufelt!« sagte er halblaut. »Schließlich kommen im Leben noch merkwürdigere Dinge vor.«
Er überlegte sich, diese Frau habe wohl als Schwester in Sewastopol gearbeitet, als erste ihn verbunden, die Schachtel mit der Adresse gefunden und den Brief an jene, die andere Frau geschrieben, die ihn so leicht und schnell vergessen hatte. Gestern habe sie seine Erzählung gehört, ihn erkannt und bewußt diese Kasbek-Schachtel geholt.
»Ja, aber warum hat sie sie aufgehoben? Und warum nichts gesagt? – Weil sie so jung ist«, entschied er. »Ich mag ja selber alle geheimnisvollen Dinge. Ich muß unbedingt bei ihr hereinschauen und mich bedanken.«
Aber da begriff er, daß großer Mut dazu gehörte, auf den Klingelknopf an ihrer Tür zu drücken, und daß er sich kaum dazu entschließen würde.
Nach einer Stunde verließ er den Doktor. Sehr langsam ging er die Treppe hinunter. Im dritten Stockwerk hielt er an. Auf den Treppenabsatz führten drei Türen.
Der Matrose dachte erleichtert, daß er den Doktor nicht gefragt hatte, in welcher Wohnung jene Frau wohnte und wie sie hieße. Es wäre auch peinlich gewesen, sich danach zu erkundigen. Jetzt aber konnte man nicht an allen Türen nacheinander klingeln und nach jemand Unbekanntem fragen.
Da hörte der Matrose hinter einer der Türen die bekannte Stimme. »In einer Stunde bin ich wieder da, Mascha«, sagte diese Stimme. »Ich habe heute Nacht schlecht geschlafen. Hier ist es sehr schwül. Ich werde

an den Fluß gehen.«
Der Matrose begriff, daß sie jetzt gleich, in dieser Minute, herauskommen und ihn hier auf dem Treppenabsatz antreffen würde. Er stürzte an die Tür und klingelte mit heftig pochendem Herzen.
Die Tür wurde sofort geöffnet. Vor ihm stand die Frau von gestern. Ein Windstoß kam durch die Tür und ergriff das leichte Kleid der Frau und ihre Haare.
Der Matrose schwieg. Die Frau trat heraus, warf die Tür zu, faßte ihn an der Hand und sagte:
»Gehen wir. Ich begleite Sie.«
»Ich wollte Ihnen danken«, sagte der Matrose. »Sie haben mich dort gerettet ... in Sewastopol. Und den Brief an jene Adresse geschickt ...«
»Und wohl erfolglos?« lächelte sie. »Sie sind mir doch nicht böse?«
Sie gingen die Treppe hinunter. Die Frau ließ die Hand des Matrosen los und strich sich das Haar glatt.
»Warum?« fragte er. »Das ist alles sehr seltsam. Und gut ...«
Die Frau blieb stehen und sah ihm in die Augen.
»Regen Sie sich nicht auf«, sagte sie leise. »Unfug – was rede ich da! Ich bin ja selber ebenso aufgeregt wie Sie.«
Sie gingen auf die Uferstraße und blieben am eisernen Gitter stehen. Der Kreml leuchtete mit rötlichen Mauern durch den morgendlichen Dunst.
Die Frau bedeckte die Augen mit der Hand und schwieg. Der Matrose blickte auf ihre Hand und dachte, an diesen Fingern sei sicher sein Blut gewesen. An diesen zarten und lieben Fingern.
Sie sagte, ohne die Hand von den Augen zu nehmen:

»Nie habe ich geglaubt, daß das so sein kann ... so plötzlich. Und daß ich Sie nach Sewastopol wiedersehe.«
Der Matrose ergriff ihre Hand. Er küßte diese kleine und kräftige Hand, ohne auf die Vorübergehenden zu achten. Diese gingen weiter, als ob sie nichts bemerkt hätten. Nur, wenn sie ganz weit weg waren, blickten sie sich verstohlen mit einem etwas verlegenen Lächeln um.

1944

Der alte Mann im Bahnhofsrestaurant

Ein hagerer alter Mann mit Stoppelbart saß in einer Ecke des Bahnhofsrestaurants von Majori. Über die Rigaer Bucht schossen in Abständen pfeifend winterliche Böen hin. An den Ufern stand dickes Eis. Durch das Schneegestöber konnte man hören, wie die Brandung gegen die kräftige Eiskante andonnerte.

Der Alte war offenbar ins Restaurant gekommen, um sich zu wärmen. Er bestellte nichts und saß mit hängendem Kopf auf einer Holzbank, die Hände in die Ärmel der ungeschickt geflickten Fischerjacke gesteckt.

Mit dem alten Mann war ein weißes struppiges Hündchen hereingekommen. Es saß an sein Bein geschmiegt da und zitterte.

Am Nachbartisch tranken einige junge Leute mit glatten roten Nacken lärmend Bier. Schnee taute auf ihren Hüten. Das Schmelzwasser tropfte in die Biergläser und auf die Brote mit Räucherwurst. Aber die jungen Leute stritten über ein Fußballspiel und achteten nicht darauf.

Als einer der jungen Leute ein Wurstbrot in die Hand nahm und auf einmal die Hälfte abbiß, hielt es der Hund nicht mehr aus. Er ging zu dem Tisch, setzte sich auf die Hinterpfoten und schaute dem jungen Mann bettelnd auf den Mund.

»Petit!« rief der Alte leise. »Schämst du dich nicht! Was störst du da andere Leute, Petit?«

Aber Petit blieb sitzen. Nur seine Vorderpfoten zitterten die ganze Zeit und sanken vor Müdigkeit immer

wieder herab. Wenn sie den nassen Bauch berührten, raffte sich das Hündchen wieder auf und hob sie von neuem.
Doch die jungen Leute beachteten es nicht. Sie waren ganz in ihr Gespräch vertieft und gossen sich ab und an kaltes Bier nach.
Der Schnee wehte die Fenster zu, und es lief einem kalt den Rücken herunter, wenn man die jungen Leute sah, wie sie bei solchem Frost eisiges Bier tranken.
»Petit!« rief der Alte nochmals. »He, Petit! Hierher!«
Das Hündchen wedelte ein paarmal schnell mit dem Schwanz, als wolle es dem alten Mann zu verstehen geben, daß es ihn höre und sich entschuldige, aber sich nicht überwinden könne. Es schaute nicht zu dem Alten hin und wandte seine Augen sogar nach der anderen Seite. Es schien zu sagen: »Ich weiß ja selber, daß sich das nicht gehört. Aber du kannst mir solch ein Wurstbrot nicht kaufen.«
»Pfui, Petit, Petit!« flüsterte der Alte, und seine Stimme zitterte ein wenig vor Kummer.
Petit wedelte wieder mit dem Schwanz und warf dem alten Mann kurz einen flehenden Blick zu. Es war, als wolle er bitten, nicht mehr zu rufen und ihn nicht in Verlegenheit zu bringen, weil ihm doch selbst nicht wohl zumute war und er, wenn die Lage nicht so verzweifelt wäre, natürlich niemals fremde Menschen anbetteln würde.
Endlich bemerkte einer der jungen Leute den Hund. Der Mann hatte breite Kinnbacken und trug einen grünen Hut.
»Du bettelst, du Biest?« fragte er. »Und wo ist dein Herr?«

Petit wedelte vergnügt mit dem Schwanz, blickte auf den Alten und winselte sogar leise auf.

»Was denken Sie sich eigentlich, mein Herr!« sagte der junge Mann. »Wenn Sie einen Hund halten, dann müssen Sie ihn auch füttern. Das ist ja gegen alle Kultur. Ihr Hund bettelt um Almosen. Betteln ist bei uns gesetzlich verboten.«

Die jungen Leute lachten schallend.

»Quassel nicht, Walka!« rief einer von ihnen und warf dem Hund ein Stück Wurst hin.

»Petit, wirst du wohl!« rief der Alte. Sein wettergebräuntes Gesicht und sein hagerer sehniger Hals wurden rot.

Das Hündchen krümmte sich und kroch mit eingezogenem Schwanz zu dem Alten zurück, ohne die Wurst auch nur anzublicken.

»Ich werde dir helfen, von denen auch nur einen Krümel zu nehmen!« sagte der alte Mann.

Er begann fieberhaft in seinen Taschen zu wühlen, brachte ein paar Nickel- und Kupfermünzen heraus und zählte sie auf der Handfläche, wobei er die Krümel wegpustete, die an den Geldstücken hafteten. Seine Finger zitterten.

»Ist auch noch beleidigt!« sagte der Mann mit den breiten Kinnbacken. »So etwas Eingebildetes, sieh bloß einer an!«

»Laß ihn doch! Was hat er dir denn getan?« sagte einer der jungen Leute besänftigend und schenkte allen Bier ein.

Der alte Mann antwortete nichts. Er ging zur Theke und legte eine Handvoll Kleingeld auf den nassen Schanktisch.

»Ein belegtes Brot!« sagte er heiser.
Der Hund stand mit eingezogenem Schwanz neben ihm.
Die Verkäuferin gab dem alten Mann auf einem Teller zwei Wurstbrote.
»Eins!« sagte der Alte.
»Nehmen Sie's nur!« sagte leise die Verkäuferin. »Ich werde durch Sie nicht arm . . .«
»Paaldies!« sagte der Alte auf lettisch, danke.
Er nahm die belegten Brote und ging auf den Bahnsteig hinaus. Draußen war niemand. Eine Bö war gerade vorübergefegt. Die nächste kam schon heran. Aber sie lag noch über dem Horizont. Es fiel sogar schwaches Sonnenlicht auf die weißen Wälder hinter der Lielupe.
Der Alte setzte sich auf eine Bank, gab Petit ein Brot, wickelte das andere in sein graues Taschentuch und steckte es in die Tasche.
Der Hund schlang gierig, der alte Mann aber blickte ihn an und sagte:
»Ach, Petit, Petit! Du dummer Hund!«
Doch der Hund hörte nicht zu. Er fraß. Der alte Mann blickte ihn an und wischte sich mit dem Ärmel über die Augen – sie tränten ihm vom Wind.

1955

Morgengrauen im Regen

In Nawoloki legte der Dampfer nachts an. Major Kusmin trat auf das Deck hinaus. Es nieselte. An der Anlegestelle war kein Mensch, da brannte nur eine einsame Lampe.
Wo liegt hier die Stadt? dachte Kusmin. Finsternis, Regen, verdammt!
Es kroch ihn die Kälte an, und er knöpfte den Mantel zu. Vom Fluß her wehte ein kalter Wind. Kusmin suchte sich den ersten Offizier und fragte, ob der Dampfer in Nawoloki lange liegen werde.
»So drei Stunden«, antwortete der erste Offizier. »Das hängt vom Verladen ab. Aber was interessiert Sie das? Sie fahren doch weiter.«
»Ich habe einen Brief zu übergeben. Von meinem Bettnachbarn im Lazarett. Seiner Frau. Die ist hier, in Nawoloki.«
»Keine leichte Aufgabe!« seufzte der erste Offizier, »man sieht ja die Hand vor Augen nicht! Achten Sie auf die Sirenen, sonst bleiben Sie zurück.«
Kusmin betrat die Anlegestelle und stieg auf einer glitschigen Treppe das steile Ufer hinauf. Er hörte den Regen im Gebüsch tröpfeln. Er blieb ein Weilchen stehen, um die Augen an die Dunkelheit zu gewöhnen, erkannte ein Pferd mit hängendem Kopf und eine altersschwache Droschke. Das Verdeck der Droschke war aufgespannt. Von da her hörte er es schnarchen.
»He, Freund«, sagte Kusmin laut, »du verschläfst das Himmelreich!«

Der Kutscher rekelte sich, stieg aus, schneuzte sich, wischte die Nase mit dem Rockschoß ab und fragte erst dann:
»Fahren wir?«
»Ja«, sagte Kusmin.
»Und wohin soll's gehen?«
Kusmin nannte die Straße.
»Ziemlich weit«, äußerte der Kutscher besorgt. »Auf den Berg. Da muß schon ein Viertelliter herausspringen.«
Er ruckte mit den Zügeln und schnalzte. Mühsam setzte sich die Droschke in Bewegung.
»Bist du denn der einzige Droschkenkutscher in Nawoloki?« fragte Kusmin.
»Wir sind zwei, beide so alte Leute. Die anderen sind an der Front. Zu wem wollen Sie?«
»Zu Frau Baschilow.«
»Ach so«, der Kutscher drehte sich lebhaft um. »Zu Olga Andrejewna, zu Doktor Andrej Petrowitschs Tochter. Sie ist im letzten Winter aus Moskau gekommen, hat sich im Hause ihres Vaters niedergelassen. Andrej Petrowitsch selbst ist vor zwei Jahren gestorben, aber sein Haus . . .«
Die Droschke schwankte, krachte und kam aus einem Schlagloch heraus.
»Paß mir auf den Weg auf«, meinte Kusmin, »sieh dich nicht um.«
»Tatsächlich, der Weg . . .«, brabbelte der Kutscher. »Fährt man hier am Tage, da hat man natürlich Angst. Aber nachts, da macht das nichts. Nachts sind die Löcher nicht zu sehen.«
Der Kutscher schwieg. Kusmin steckte sich eine Ziga-

rette an und lehnte sich zurück. Auf das Verdeck trommelte der Regen. In der Ferne bellten Hunde. Es roch nach Dill, nach nassen Zäunen und der Feuchtigkeit vom Fluß her. Mindestens ein Uhr nachts, dachte Kusmin. Gleich darauf schlug in einem Glockenturm eine angesprungene Glocke wirklich ein Mal.

»Ich sollte den ganzen Urlaub hier bleiben«, dachte Kusmin. »Schon von der Luft allein vergeht alles, all das Unangenehme nach der Verwundung. Ein Zimmer mieten in irgendeinem Häuschen mit Fenstern zum Garten. In solcher Nacht die Fenster weit aufmachen, sich hinlegen, zudecken und hören, wie der Regen auf die Blätter der Kletten prasselt.«

»Sie sind wohl ihr Mann?« fragte der Kutscher.

Kusmin gab keine Antwort. Der Kutscher dachte, der Soldat habe seine Frage nicht verstanden, traute sich aber nicht, ein zweites Mal zu fragen. Natürlich, der Mann, überlegte er sich. Und da quasseln die Leute, sie hätte ihren Mann noch vor dem Krieg verlassen. Die lügen, was sonst.

»Hü, Satan!« schrie er und zog dem knochigen Pferd mit der Leine eins über. »Jetzt beweg dich mal!«

Dumm, daß der Dampfer Verspätung hatte und erst nachts anlegte, dachte Kusmin. Warum hatte nur Baschilow, sein Zimmernachbar, als er erfuhr, Kusmin würde an Nawoloki vorbeikommen, ihn gebeten, den Brief seiner Frau unbedingt persönlich zu übergeben? Jetzt muß man die Leute wecken, Gott weiß, was die noch alles denken können!

Baschilow war ein hochgewachsener Offizier mit einem Hang zum Spott. Er redete viel und gern. Bevor er irgendeine spitze Bemerkung machte, lachte er lange und lautlos in sich hinein. Vor der Einberufung war Baschilow Regieassistent beim Film gewesen. Jeden Abend erzählte er seinen Zimmernachbarn ausführlich von amerikanischen Filmen. Die Verwundeten mochten Baschilows Erzählungen gern, warteten darauf und staunten über sein Gedächtnis. In der Beurteilung von Menschen, Ereignissen und Büchern war Baschilow scharf, sehr eigensinnig und machte jeden lächerlich, der es wagte, ihm zu widersprechen. Er tat das geschickt – mit Anspielungen und Witzen, und der Verspottete begriff im allgemeinen erst nach zwei-drei Stunden, daß Baschilow ihn beleidigt hatte, und überlegte sich eine giftige Antwort. Doch dazu war es nun natürlich zu spät.

Am Tage vor der Abreise übergab Baschilow Kusmin einen Brief für seine Frau, und zum ersten Mal entdeckte Kusmin bei Baschilow ein unsicheres Lächeln. Und nachts hörte Kusmin dann, wie Baschilow sich in seinem Bett hin und her wälzte und die Nase hochzog. Vielleicht ist er gar nicht so abgebrüht, dachte Kusmin. Er scheint da zu weinen. Also liebt er. Liebt sehr.

Den ganzen nächsten Tag ließ Baschilow Kusmin nicht allein, betrachtete ihn, schenkte ihm eine italienische Offiziersfeldflasche, und unmittelbar vor dem Aufbruch tranken sie zu zweit eine Flasche Wein, die Baschilow verwahrt hatte.

»Was schauen Sie mich so an?« fragte Kusmin.

»Sie sind ein guter Mensch«, antwortete Baschilow. »Sie könnten ein Künstler sein, lieber Major.«

»Ich bin Topograph«, antwortete Kusmin. »Und Topographen sind ihrer Natur nach auch Künstler.«

»Warum?«

»Vagabunden«, antwortet Kusmin unbestimmt.
»Verbannte, Vagabunden und Dichter«, deklamierte Baschilow spöttisch, »ein Ziel erstrebt, doch nie dahin gekommen.«
»Von wem ist das?«
»Von Woloschin. Aber darum geht es nicht. Ich schaue Sie an, weil ich Sie beneide. Das ist es.«
»Worum?«
Baschilow drehte sein Glas, lehnte sich auf seinem Stuhl zurück und verzog das Gesicht zu einem Lachen. Sie saßen am Ende des Lazarettflurs an einem geflochtenen Tisch. Draußen bog der Wind die jungen Bäume, ließ die Blätter rauschen und wirbelte Staub auf. Vom Fluß her näherte sich der Stadt eine Regenwolke.
»Worum ich Sie beneide?« fragte Baschilow zurück und legte seine rote Hand auf die Hand Kusmins. »Um alles. Sogar um Ihre Hand.«
»Ich verstehe nichts«, sagte Kusmin und zog vorsichtig seine Hand zurück. Die Berührung mit der kalten Hand Baschilows war ihm unangenehm. Aber damit Baschilow das nicht bemerkte, nahm Kusmin die Flasche und goß wieder Wein ein.
»Sie brauchen es auch nicht zu verstehen!« antwortete Baschilow ärgerlich. Er schwieg eine Weile und sagte dann, ohne Kusmin anzusehen:
»Wenn wir doch unsere Plätze tauschen könnten! Aber eigentlich ist das ja alles Unsinn! In zwei Tagen werden Sie in Nawoloki sein, Sie werden Olga Andrejewna sehen. Sie wird Ihnen die Hand drücken. Sehen Sie, und darum beneide ich Sie. Verstehen Sie jetzt?«
»Aber ich bitte Sie!« sagte Kusmin verlegen. »Sie werden Ihre Frau doch auch sehen.«

»Für mich ist sie nicht meine Frau!« antwortete Baschilow scharf. »Wie gut, daß Sie nicht noch ›Gattin‹ gesagt haben.«
»Entschuldigen Sie bitte«, brachte Kusmin hervor.
»Für mich ist sie nicht meine Frau!« wiederholte Baschilow ebenso scharf. »Sie ist – alles! Ist mein ganzes Leben. Nun, genug davon!«
Er stand auf und streckte Kusmin die Hand hin:
»Leben Sie wohl und seien Sie mir nicht böse. Ich bin nicht schlechter als andere.«

Die Droschke fuhr eine Brückenrampe hinauf. Die Finsternis wurde dichter. Der Regen raschelte verträumt in alten Weiden, tropfte von den Blättern. Das Pferd klapperte mit den Hufen über den Brückenbelag.
»Ganz schön weit«, stöhnte Kusmin und sagte zum Kutscher: »Warte auf mich bei dem Haus. Fährst mich dann zurück zur Anlegestelle . . .«
»Ja, gut«, stimmte der Kutscher gleich zu und dachte nein, der Mann ist es doch nicht. Der Mann wäre sicher für ein-zwei Tage geblieben. Nein, ist ein anderer.
Es begann Kopfsteinpflaster. Die Droschke zitterte, die eisernen Trittbretter schepperten. Der Kutscher lenkte zum Straßenrand hin. Nun rollten die Räder weich über feuchten Sand. Kusmin gab sich wieder seinen Gedanken hin.
Baschilow hatte ihn also beneidet. Natürlich empfand er gar keinen Neid. Baschilow hatte einfach nicht das richtige Wort gefunden. Nach dem Gespräch mit Baschilow am Fenster im Lazarett hatte im Gegenteil Kusmin gegenüber Baschilow Neid empfunden. Viel-

leicht ist das wieder nicht das richtige Wort? sagte sich Kusmin ärgerlich. Er empfand keinen Neid. Er empfand einfach Traurigkeit. Daß er vierzig Jahre alt war, daß er nie solche Liebe erlebt hatte wie Baschilow. Er war immer allein gewesen.

Nacht, der Regen rauscht in einsamen Gärten, eine fremde Stadt, von den Wiesen zieht Nebel herüber – so vergeht auch das Leben, kam es Kusmin in den Sinn.

Wieder wollte er hierbleiben. Er liebte die russischen Städtchen, wo man von den Stufen am Eingang der Häuser die Wiesen hinter dem Fluß sehen kann, die breiten Auffahrten und die Heuwagen auf den Fähren. Diese Liebe wunderte ihn selbst. Er war im Süden großgeworden, in einer Seemannsfamilie. Vom Vater her war in ihm eine Leidenschaft für Entdeckungen, für geographische Karten und für ein Wanderleben geblieben. Daher war er auch Topograph geworden. Dennoch sah Kusmin diesen Beruf als zufällig an und dachte, wenn er in eine andere Zeit geboren wäre, dann wäre er Jäger oder Entdecker neuer Länder geworden. Er dachte gern so über sich, aber er irrte sich. In seinem Charakter war nichts von dem, was solchen Menschen eigen ist. Kusmin war schüchtern und nachgiebig zu den Menschen in seiner Nähe. Das leicht ergraute Haar verriet sein Alter. Aber keiner, der diesen schmächtigen und nicht besonders großen Offizier sah, hielt ihn für älter als dreißig Jahre.

Schließlich rollte die Droschke in das dunkle Städtchen hinein. Nur in einem Haus, offenbar der Apotheke, brannte hinter einer Glastür ein blaues Lämpchen. Die Straße führte bergauf. Der Kutscher kletterte vom Bock, um es dem Pferd leichter zu machen. Auch

Kusmin stieg aus. Er blieb hinter der Droschke ein bißchen zurück und empfand plötzlich die ganze Seltsamkeit seines Lebens. Wo bin ich? dachte er, irgendso ein Nawoloki, abgelegen, ein Pferd schlägt mit den Hufen Funken. Irgendwo in der Nähe ist eine unbekannte Frau. Ihr soll ich mitten in der Nacht einen wichtigen und wahrscheinlich nicht erfreulichen Brief übergeben. Vor zwei Monaten, da gab es die Front, Polen, die breite, stille Weichsel. Irgendwie seltsam! Und schön.

Die Steigung hörte auf. Der Kutscher bog in eine Seitenstraße ab. Die Wolken rissen auf, und im Dunkel über dem Kopf leuchteten bald hier, bald dort Sterne. Sie glitzerten in den Pfützen und verloschen.

Vor einem Haus mit einem Zwischenstock blieb die Droschke stehen.

»Da sind wir!« sagte der Kutscher. »Die Klingel ist rechts am Tor.«

Kusmin ertastete sich den hölzernen Griff des Klingelzugs und zog daran. Aber er hörte keinen Ton, nur ein rostiger Draht quietschte.

»Ziehen Sie kräftiger, mit einem Ruck!« riet der Kutscher.

Kusmin zog wieder an dem Griff. Tief im Haus erklang ein Glöckchen. Aber es blieb dort weiterhin still, offenbar war niemand aufgewacht.

»Och-choch-choch«, gähnte der Kutscher. »So eine Regennacht, da schlafen die Leute besonders tief.«

Kusmin wartete, klingelte heftiger. Auf der hölzernen Galerie ließen sich Schritte vernehmen. Jemand trat an die Tür, blieb stehen, horchte und fragte dann unwirsch:

»Wer ist denn da? Was wollen Sie?«
Kusmin wollte antworten, aber der Kutscher war schneller.
»Mach auf, Marfa«, sagte er. »Besuch für Olga Andrejewna. Von der Front.«
»Wer kommt da von der Front?« fragte ebenso unfreundlich die Stimme hinter der Tür. »Wir erwarten niemand.«
»Ihr erwartet niemand, aber doch ist einer da!«
Die Tür, durch eine Kette gesichert, ging einen Spalt auf. Kusmin sagte in das Dunkel hinein, wer er sei und weshalb er komme.
»Um Gottes willen!« sagte die Frau hinter der Tür erschreckt, »so ein Umstand für Sie! Gleich schließe ich auf. Olga Andrejewna schläft. Kommen Sie herein, ich werde sie wecken.«
Die Tür ging auf, und Kusmin trat auf die dunkle Galerie.
»Da sind Stufen«, warnte ihn die Frau bereits in einem anderen, freundlicheren Ton. »So eine Nacht, da sind Sie gekommen! Warten Sie, stoßen Sie sich nicht, ich zünde gleich eine Lampe an, wir haben nachts keinen Strom.«
Sie ging fort und Kusmin blieb auf der Galerie. Aus den Zimmern drang ein Geruch nach Tee und noch ein anderer, schwacher und angenehmer Duft. Ein Kater kam auf die Galerie heraus, streifte an Kusmins Beinen entlang, schnurrte und kehrte in die nächtlichen Zimmer zurück, als wolle er Kusmin einladen, ihm zu folgen.
Hinter der halbgeöffneten Tür flackerte ein schwaches Licht auf.

»Bitte kommen Sie herein«, sagte eine Frau.
Kusmin trat ein. Die Frau machte eine leichte Verbeugung zu ihm hin. Vor ihm stand eine hochgewachsene alte Frau mit einem dunklen Gesicht. Kusmin legte so leise wie möglich Mantel und Mütze ab und hängte sie an einen Haken neben der Tür.
»Sie brauchen keine Rücksicht zu nehmen, Olga Andrejewna muß ich doch wecken«, lächelte die alte Frau.
»Kann man die Sirenen von der Anlegestelle hier hören?« fragte Kusmin halblaut.
»Durchaus, mein Herr! Sie sind gut zu hören. Kommen Sie wirklich vom Schiff und müssen mit demselben Dampfer wieder fort! Setzen Sie sich doch hier auf das Sofa.«
Die Frau ging hinaus. Kusmin setzte sich auf ein Sofa mit Holzlehne, nahm nach kurzem Zögern eine Zigarette heraus und steckte sie sich an. Er war aufgeregt, und diese unverständliche Erregung ärgerte ihn. Ihn befiel jenes Gefühl, das man immer hat, wenn man nachts in ein unbekanntes Haus gerät, in ein fremdes Leben, voller Geheimnisse und Rätsel. Dieses Leben liegt dann wie ein Buch da, das irgend jemand aufgeschlagen auf dem Tisch hat liegenlassen, etwa auf Seite 65. Man blickt auf diese Seite und versucht zu erraten: wovon handelt das Buch, was steht darin?
Tatsächlich lag auf dem Tisch ein aufgeschlagenes Buch. Kusmin erhob sich, beugte sich darüber und las, während er auf das rasche Flüstern hinter der Tür und das Rascheln von Kleidern hörte, für sich die langvergessenen Worte:

Und das Unmögliche ist möglich,
Ein langer Weg ist nicht mehr schwer,

Dringt aus des Weges weiter Ferne,
Ein Blick, auch kurz nur, zu uns her.

Kusmin hob den Kopf und blickte sich um. Das niedrige warme Zimmer rief in ihm wieder den Wunsch hervor, in dieser kleinen Stadt zu bleiben.

In solchen Zimmern herrscht eine besondere, biedere Gemütlichkeit durch die Hängelampe mit einem Schirm aus mattem weißem Glas über dem Eßtisch, durch das Hirschgeweih über einem Bild, das einen Hund neben dem Bett eines kranken Mädchens darstellt. Solche Zimmer lassen einen lächeln – das ist alles so altmodisch und lange vergessen.

Jeder Gegenstand, sogar der Aschenbecher aus einer rosa Muschel, sprach von einem friedlichen und langen Leben, und Kusmin kam wieder der Gedanke, wie schön es wäre, hier zu bleiben und so wie die Bewohner des alten Hauses zu leben – gemächlich, im Wechsel von Arbeit und Muße, Winter und Frühling, regnerischen und sonnigen Tagen.

Doch zwischen den alten Gegenständen im Zimmer gab es auch andere. Auf dem Tisch stand ein Strauß Feldblumen – wilde Kamille, Lungenkraut und Rainfarn. Der Strauß war offenbar erst vor kurzem gepflückt worden. Auf dem Tischtuch lagen die Schere und die damit abgeschnittenen Enden der Blumenstengel.

Und daneben – das aufgeschlagene Buch von Blok – »Ein langer Weg ist nicht mehr schwer«. Und ein kleiner schwarzer Damenhut auf dem Flügel, auf einem Fotoalbum mit blauem Plüscheinband. Ein keineswegs altmodischer, sondern ganz moderner Hut. Und auf dem Tisch eine Uhr mit Metallarmband, einfach so liegengelassen. Sie geht unhörbar und zeigt halb zwei.

Und dann der immer, besonders zu so später Stunde, etwas wehmütig stimmende Duft nach Parfum.
Ein Fensterflügel stand offen. Draußen, hinter den Begonientöpfen, glitzerte im matten Licht, das aus dem Fenster fiel, ein nasser Fliederstrauch. In der Dunkelheit tuschelte ein schwacher Regen. In eine blecherne Traufe fielen hastig dicke Tropfen.
Kusmin horchte auf das Tropfen. Der die Menschen seit Ewigkeit quälende Gedanke an die Unwiederbringlichkeit jeder Minute kam ihm gerade jetzt in den Kopf, in dieser Nacht, in dem unbekannten Haus, das er in einigen Minuten verlassen und niemals wiedersehen würde.
Werde ich alt? dachte Kusmin und drehte sich um.
Auf der Schwelle zum Zimmer stand eine junge Frau in einem schwarzen Kleid. Sie hatte sich offenbar beeilt, zu ihm zu kommen, und sich nur flüchtig gekämmt. Ein Zopf war ihr auf die Schulter gefallen, und die Frau hob ihn, ohne Kusmin aus den Augen zu lassen, mit einem verlegenen Lächeln hoch und steckte ihn mit einer Haarnadel am Hinterkopf fest. Kusmin machte eine Verbeugung.
»Verzeihen Sie«, sagte die Frau und gab Kusmin die Hand. »Ich habe Sie warten lassen.«
»Sind Sie Olga Andrejewna Baschilow?«
»Ja.«
Kusmin sah die Frau an. Ihn erstaunte ihre Jugend und der Glanz ihrer Augen – tief und etwas verschleiert.
Kusmin entschuldigte sich wegen der Störung, holte Baschilows Brief aus der Rocktasche und gab ihn der Frau. Sie nahm ihn, dankte und legte ihn ungelesen auf den Flügel.

»Warum stehen wir denn!« sagte sie, »nehmen Sie Platz! Bitte hier, am Tisch. Hier ist es heller.«
Kusmin setzte sich an den Tisch und bat rauchen zu dürfen.
»Rauchen Sie nur, natürlich«, sagte die Frau. »Ich werde mir wohl auch eine Zigarette anstecken.«
Kusmin bot ihr eine Zigarette an und gab ihr Feuer. Da fiel das Licht vom Streichholz auf ihr Gesicht, und dieses konzentrierte Gesicht mit der klaren Stirn kam ihm bekannt vor.
Olga Andrejewna hatte sich Kusmin gegenübergesetzt. Er wartete auf Fragen, doch sie schwieg und blickte aus dem Fenster, wo weiterhin eintönig der Regen rauschte.
»Marfuscha«, sagte Olga Andrejewna und wandte sich zur Tür. »Mach uns bitte einen Tee.«
»Aber nicht doch!« sagte Kusmin erschrocken, »ich habe es eilig. Die Droschke wartet auf der Straße. Ich hatte Ihnen nur diesen Brief zu übergeben und etwas zu berichten . . . von Ihrem Mann.«
»Was gäbe es da zu berichten!« antwortete Olga Andrejewna, holte eine Kamillenblüte aus dem Strauß und zupfte erbarmungslos die Blütenblätter heraus. »Er lebt – und ich freue mich darüber.«
Kusmin schwieg.
»Hetzen Sie sich nicht«, sagte Olga Andrejewna einfach wie zu einem alten Freund. »Wir hören die Dampfersirene. Der Dampfer legt sowieso nicht vor der Morgendämmerung ab.«
»Wieso?«
»Wissen Sie«, sagte Marfa aus dem Nebenzimmer, »unterhalb von Nawoloki ist eine große Sandbank im Fluß.

Daran vorbeizufahren ist nachts gefährlich. Daher warten alle Kapitäne, bis es hell ist.«
»Ja das stimmt«, bestätigte Olga Andrejewna. »Zu Fuß braucht man bis zur Anlegestelle nur eine Viertelstunde. Wenn man durch den Stadtgarten geht. Ich werde Sie begleiten. Den Kutscher können Sie entlassen. Wer hat Sie denn hergebracht? Wassilij?«
»Das weiß ich nicht«, lächelte Kusmin.
»Timofej hat den Herrn gebracht«, kam es von Marfa hinter der Tür. Man hörte, wie sie mit dem Samowar klapperte. »Trinken Sie wenigstens einen Tee. Das ist sonst nicht recht – aus dem Regen und wieder in den Regen.«
Kusmin war einverstanden, ging vor das Tor und bezahlte den Kutscher. Der Kutscher blieb noch eine Weile da, stapfte bei dem Pferd herum und zog das Hintergeschirr zurecht.
Als Kusmin zurückkam, war der Tisch schon gedeckt. Alte blaue Tassen mit Goldrand, ein Krug mit warmer Milch, Honig und eine angebrochene Flasche Wein standen auf dem Tisch. Marfa brachte den Samowar herein.
Olga Andrejewna entschuldigte sich für die spärliche Bewirtung und erzählte, sie habe vor, wieder nach Moskau zu übersiedeln, sie arbeite nur vorübergehend in Nawoloki, in der Stadtbibliothek. Kusmin wartete die ganze Zeit, daß sie schließlich nach Baschilow fragen würde, doch sie tat es nicht. Das löste bei Kusmin eine wachsende Verunsicherung aus. Er hatte schon im Lazarett vermutet, daß sich Baschilow mit seiner Frau entzweit hatte. Doch jetzt, als sie den Brief ungelesen auf den Flügel gelegt hatte, war ihm das endgültig klar

geworden, und es kam ihm jetzt so vor, als habe er Baschilow gegenüber seine Pflicht nicht erfüllt und sei daran wesentlich schuld. Sie wird den Brief wohl später lesen, dachte er. Eines war klar: der Brief, dem Baschilow solche Bedeutung beimaß und um dessentwillen Kusmin zu so ungewöhnlicher Zeit in diesem Hause aufgetaucht war, war hier schon nicht mehr nötig, war uninteressant. Eigentlich hatte Kusmin Baschilow nicht geholfen und nur sich selbst in eine peinliche Lage gebracht. Olga Andrejewna schien das zu spüren und sagte:

»Ärgern Sie sich nicht. Man kann Briefe schicken, man kann auch telegrafieren – ich weiß nicht, warum er es für nötig hielt, Sie zu belästigen.«

»Was heißt hier zu belästigen!« antwortete Kusmin rasch und fügte nach kurzem Schweigen hinzu: »Im Gegenteil, das ist sehr schön.«

»Was ist schön?«

Kusmin errötete.

»Was ist schön?« fragte Olga noch einmal etwas lauter und richtete ihre Augen auf Kusmin. Sie sah ihn an, als versuche sie zu erraten, woran er dachte – streng, etwas nach vorn geneigt, in Erwartung einer Antwort. Kusmin schwieg.

»Nun trotzdem, was ist schön?« fragte sie erneut.

»Wie soll ich Ihnen das sagen«, antwortete Kusmin nachdenklich. »Das wäre ein Gespräch für sich. Alles, was wir lieben, widerfährt uns selten. Ich weiß nicht, wie das bei anderen Menschen ist, ich gehe von mir aus. Alles Schöne gleitet fast immer vorüber. Verstehen Sie?«

»Nicht ganz«, antwortete Olga Andrejewna und zog

die Brauen zusammen.
»Wie soll ich Ihnen das erklären«, sagte Kusmin und ärgerte sich über sich selbst. »Das ist Ihnen doch sicher auch schon passiert. Plötzlich sehen Sie vom fahrenden Zug aus eine Lichtung in einem Birkenwald, sehen, wie ein herbstliches Spinnennetz in der Sonne glitzert, und Sie wollen mitten während der Fahrt aus dem Zug springen und auf dieser Lichtung bleiben. Doch der Zug fährt vorüber. Sie lehnen sich aus dem Fenster und schauen zurück, wohin alle diese Wälder, Weiden, Pferde und Wiesenpfade entschwinden, und hören einen verschwommenen Klang. Was da klingt, ist unklar. Vielleicht ist es der Wald, vielleicht die Luft. Oder es dröhnen die Telegrafendrähte. Vielleicht klingen auch die Schienen vom Fahren des Zuges. So leuchtet es für einen Augenblick auf, aber man behält es für sein ganzes Leben.«
Kusmin schwieg. Olga Andrejewna schob ihm ein Glas mit Wein hin.
»Ich habe in meinem Leben«, sagte Kusmin und wurde rot, wie immer, wenn es dazu kam, daß er über sich selbst sprach, »stets auf solche überraschenden und einfachen Dinge gewartet. Und wenn ich sie gefunden habe, dann war ich glücklich. Nicht für lange, aber ich war es.«
»Und jetzt auch?« fragte Olga Andrejewna.
»Ja!«
Olga Andrejewna senkte die Augen.
»Warum?« fragte sie.
»Ich weiß es nicht genau. Ich empfinde es so. Ich bin an der Weichsel verwundet worden und lag im Lazarett. Alle bekamen Briefe, nur ich nicht. Ich hatte einfach

niemanden, von dem ich hätte Post bekommen können. Ich lag da und dachte mir aus, so wie das alle tun, wie mein Leben nach dem Krieg aussehen werde. Unbedingt glücklich und ungewöhnlich. Dann wurde ich geheilt, und man beschloß, mich auf Urlaub zu schicken. Man bestimmte die Stadt.«

»Welche?« fragte Olga Andrejewna.

Kusmin sagte es. Olga Andrejewna antwortete nichts.

»Ich habe den Dampfer bestiegen«, fuhr Kusmin fort, »Dörfer an den Ufern und Anlegestellen. Und das immer deutlicher werdende Bewußtsein der Einsamkeit. Um Gottes willen, glauben Sie nicht, daß ich mich beklage. Einsamkeit hat auch sehr viel Gutes. Dann Nawoloki. Ich hatte Angst zu verschlafen. Ging in finsterer Nacht an Deck und überlegte: wie seltsam, daß in dieser riesigen, ganz Rußland bedeckenden Dunkelheit, unter einem regnerischen Himmel Tausende verschiedener Menschen ruhig schlafen. Dann fuhr ich mit einer Droschke hierher und rätselte immerzu, wen ich antreffen würde.«

»Und was macht Sie nun glücklich?« fragte Olga Andrejewna.

»Nur so«, Kusmin hielt inne. »Es ist eben schön.«

Er schwieg.

»Was haben Sie? Sprechen Sie doch!«

»Worüber? Ich bin schon so sehr ins Reden gekommen, habe überflüssiges Zeug geredet.«

»Über alles«, antwortete Olga Andrejewna. Sie schien seine letzten Worte nicht gehört zu haben. »Worüber Sie wollen«, fügte sie hinzu.

»Obwohl das alles ein bißchen seltsam ist.«

Sie erhob sich, ging ans Fenster und zog den Vorhang

auf. Der Regen hatte nicht nachgelassen.
»Was ist seltsam?« fragte Kusmin.
»Es regnet noch immer!« sagte Olga Andrejewna und wandte sich um. »So eine Begegnung. Und unser ganzes nächtliches Gespräch – ist das etwa nicht seltsam?«
Kusmin schwieg verwirrt.
Draußen in der feuchten Dunkelheit ertönte irgendwo am Fuße des Berges die Dampfersirene.
»Ach, ja«, sagte Olga Andrejewna wie erleichtert. »Da ist auch Ihre Sirene!«
Kusmin stand auf, Olga Andrejewna verharrte unbeweglich.
»Warten Sie«, sagte sie ruhig. »Setzen wir uns vor dem Aufbruch still hin. Wie in alter Zeit.«
Kusmin setzte sich wieder hin, Olga Andrejewna tat das gleiche, war in Gedanken versunken und wandte sich sogar von Kusmin ab. Dieser blickte auf ihre hohen Schultern, die schweren Zöpfe, die im Nacken zu einem Knoten zusammengesteckt waren, auf den reinen Schwung ihres Halses, und dachte, er würde, wenn es Baschilow nicht gäbe, aus diesem Städtchen nirgendwohin fortfahren, sondern bis zum Ende des Urlaubs hier bleiben und in dem erregenden Bewußtsein leben, daß in seiner Nähe diese liebe und gegenwärtig so traurige Frau lebte.
Olga Andrejewna erhob sich. Kusmin half ihr im kleinen Flur in den Regenmantel.
Sie verließen das Haus und schritten schweigend die dunkle Straße entlang.
»Bald kommt die Morgendämmerung«, sagte Olga Andrejewna.
Der wässrige Himmel über der Flußseite färbte sich

bläulich. Kusmin bemerkte, daß Olga Andrejewna zitterte.
»Ist Ihnen kalt?« fragte er besorgt. »Es ist überflüssig, daß Sie mich begleiten. Ich hätte den Weg auch alleine gefunden.«
»Nein, nicht überflüssig«, antwortete Olga Andrejewna kurz.
Der Regen hatte aufgehört, doch von den Dächern fielen noch Tropfen, schlugen auf den hölzernen Bürgersteig.
Am Ende der Straße fing der Stadtgarten an. Das Tor stand offen. Dahinter erstreckten sich dichte, verwahrloste Alleen. Im Stadtpark roch es nach nächtlicher Kälte und feuchtem Sand. Es war ein alter Park, schwarz von hohen Linden. Die Linden waren schon verblüht und rochen schwach. Nur einmal strich ein Luftzug durch den Park, und er rauschte auf, als wäre ein starker und heftiger Regenguß über ihn niedergegangen und hätte sofort wieder aufgehört.
Am Ende des Parks führte ein Steilhang zum Fluß hinunter, und dahinter sah man weit hingestreckt das erste Morgengrauen im Regen, unten trübe Bojenlichter, Nebel, die ganze Schwermut schlechten Sommerwetters.
»Wie kommen wir hier hinunter?« fragte Kusmin.
»Bitte hierher!«
Olga Andrejewna ging auf einem kleinen Pfad unmittelbar zum Steilhang auf eine hölzerne Treppe zu, die nach unten, ins Dunkel führte.
»Geben Sie mir die Hand!« sagte Olga Andrejewna, »hier gibt es viele morsche Stufen.«
Kusmin gab ihr die Hand und sie stiegen vorsichtig

abwärts. Zwischen den Stufen wuchs Gras, feucht vom Regen.
Auf dem letzten Treppenabsatz blieben sie stehen. Man sah schon die Anlegestelle und die grünen und roten Lichter des Schiffes. Dampf zischte. Kusmins Herz krampfte sich in dem Bewußtsein zusammen, gleich von dieser unbekannten und ihm doch so nahen Frau Abschied zu nehmen und nichts zu sagen – nichts! Nicht einmal dafür zu danken, daß sie seinen Weg gekreuzt, ihm ihre kleine kräftige Hand im feuchten Handschuh gegeben, ihn vorsichtig über die morsche Treppe geführt hatte und jedesmal, wenn über das Geländer ein feuchter Zweig hing, der ihm hätte das Gesicht streifen können, leise sagte: »Ziehen Sie den Kopf ein!« Und Kusmin hatte es gehorsam getan.
»Wir wollen hier Abschied nehmen«, sagte Olga Andrejewna. »Weiter gehe ich nicht mit.«
Kusmin sah sie an. Unter einem Tuch hervor blickten ihn kurz erregte und strenge Augen an. Würde wirklich jetzt gleich, in diesem Augenblick, alles in die Vergangenheit entschwinden und zu einer weiteren quälenden Erinnerung werden, sowohl in ihrem als auch in seinem Leben?
Olga Andrejewna gab Kusmin die Hand. Kusmin küßte sie und nahm denselben schwachen Geruch nach Parfum wahr, den er als erstes in dem dunklen Zimmer beim Rauschen des Regens gerochen hatte.
Als er den Kopf hob, sagte Olga Andrejewna etwas zu ihm, doch so leise, daß Kusmin es nicht verstand. Ihm schien, sie habe nur ein Wort gesagt: »Schade ...« Vielleicht hatte sie noch etwas gesagt, doch vom Fluß her dröhnte ärgerlich der Dampfer und beklagte sich

über das naßkalte Morgengrauen und sein Landstreicherleben bei Regen und Nebel.
Kusmin lief, ohne sich umzusehen, zum Ufer, schritt durch die nach Bastmatten und Teer riechende Anlegestelle, ging an Bord und stieg sofort auf das leere Deck hinauf. Schon legte der Dampfer ab und arbeitete langsam mit seinen Schaufelrädern. Kusmin begab sich zum Heck und schaute zu der Treppe am Steilhang hinüber – Olga Andrejewna war noch dort. Es wurde kaum hell und sie war schwer zu erkennen. Kusmin hob den Arm, doch Olga Andrejewna antwortete nicht.
Der Dampfer entfernte sich immer weiter, schickte lange Wellen an die Sandufer und schaukelte die Bojen. Die Weidenbüsche am Ufer antworteten mit emsigem Rauschen auf die Schläge der Schaufelräder.

1945

Forsthaus 273

Diese Erzählung habe ich im oberen Stockwerk eines Hauses auf dem Lande geschrieben. Die Fenster sind geöffnet, und graue Falter fliegen herein, auf das Kerzenlicht zu. Es ist so still, daß man hört, wie unten in den leeren Zimmern die Standuhr tickt. In der Ferne auf der Oka tönt die Sirene eines Dampfers. Das Dorf schläft, vor den Fenstern ist es dunkel. Ein Geruch nach feuchten Brettern zieht herein.

An der Wand hängt ein Porträt von Garibaldi, ein Stich mit seiner verblaßten Unterschrift. Wie mag es hierher geraten sein? Die Biographien von Dingen sind manchmal ebenso voller Überraschungen wie die Biographien von Menschen. Ich versuche den Weg dieses Porträts aus Paris, wo es gestochen worden ist, bis in dieses Dorf in Mittelrußland nachzuvollziehen.

Eine Unterschrift des Stechers weist das Porträt nicht auf, doch auf der Rückseite ist das Bild mit einer französischen Zeitung verklebt. Ich errate: Der ehemalige Besitzer dieses Hauses auf dem Lande, ein vor längerer Zeit verstorbener Maler, hatte lange in Paris gelebt, war auch bei Turgenjew in Bougival gewesen, hatte Madame Viardot gekannt und war offenbar auch mit Garibaldi zusammengekommen.

Garibaldi! Der Himmel Italiens, der Marsch auf Rom, eine Luft, die vom Duft nach Ölbaumrinde ganz durchtränkt ist, das Land der Träume, der Dichtungen und der Armut!

Garibaldi lebt hier, in dem engen Zimmer, neben einem

bronzenen Basrelief, einer Arbeit von Fjodor Tolstoj »Die Schlacht bei Fère-Champenoise«. Wenn man abends vom Garten her in die Fenster des Obergeschosses schaut, dann wirkt das Zimmer mit Garibaldis Porträt wie eine schwach beleuchtete, im Dunkel einer undurchdringlichen Nacht verlorene Kajüte im Ozean.

In ein paar Tagen werde ich, der letzte Bewohner des großen leeren Hauses, nach Moskau abreisen, und alle diese Dinge – das Basrelief und das Porträt Garibaldis, und die alte Lampe mit der Abbildung einer Wassermühle, der Tisch, und der Strauß von Weidenröschen – all das bleibt widerspruchslos hier, um zu überwintern. Und es ist so sonderbar, wenn man nach einem Jahr wiederkehrt, alle diese Dinge an denselben Stellen zu sehen und, wenn man sie gesehen hat, zu begreifen, daß das Jahr zwar die grauen Haare und die Lebenserfahrung vermehrt hat, hier aber alles unverändert geblieben ist, höchstens mag vielleicht der Stich ein bißchen mehr vergilbt sein.

Ich bemühe mich, mir dieses Zimmer zu der Zeit vorzustellen, wenn ich bereits nicht mehr hier sein werde. Langsam werden die Tage dahinziehen, lange Zeit wird es nieseln. Der Wind wird das Dach mit Laub ganz zudecken, mit abgefallenen eingerollten Blättern. Dann wird der Frost den feuchten Sand erstarren lassen, Schnee wird fallen, und der Himmel wird sich grau über das Haus senken. So wird er liegenbleiben bis zum Frühjahr.

Die Blüten der Weidenröschen werden ganz durchfrieren, sich in braune Asche verwandeln und wie Staub verfliegen, sobald einer im Frühjahr die Tür aufmacht.

Ausgetrocknete wunderbare Welt! Das kann man erst begreifen, wenn man sich diese Blüten durch ein Vergrößerungsglas ansieht. In ihnen ist alles zweckentsprechend und ganz ausgearbeitet. Dieser trockne Blumenstrauß, den man auf den Abfallhaufen werfen wird, ist ebenso vielfältig zusammengesetzt wie unsere ganze Erde mit ihren Pflanzen, Gewässern und der Luft, die sie mit ihrer durchsichtigen Sphäre einhüllt.

Die Dinge verstärken das Gefühl für die Zeit. Oft leben sie länger als wir. Manchmal möchte man ebenso lange leben, wie dieses Porträt Garibaldis leben wird.

Das Empfinden unseres Lebens als etwas Einziges und Erstaunliches birgt in sich Enttäuschungen, Verluste und gelegentliches Aufblitzen eines unvollkommenen Glücks. Vielleicht ist es die Aufgabe der Schriftsteller, der Dichter und Maler, das Leben als das Schönste und Vernünftigste, was es unter der Sonne gibt, zu preisen.

Es ist altbekannt, daß der Zauber des Lebens nicht nur in der Erwartung der Zukunft liegt und in der Gegenwart, sondern zum Teil auch in Erinnerungen. Oft nähern sich Erinnerungen der Erfindung, dem schöpferischen Gedanken. Wer von uns hätte denn, wenn er sich erinnert, dem Erlebten nicht manches hinzugefügt, was nicht geschehen ist? Wer hätte, wenn er sich erinnert, im Gedächtnis nicht nur das Wesentliche des Erlebten belassen?

Erinnerungen – das sind nicht die vergilbten Briefe, das Alter, die vertrockneten Blumen und Reliquien, sondern das ist eine lebendige, pulsierende Welt, voller Poesie.

Alles, was ich bisher gesagt habe, ist nur ein etwas lang

geratenes Vorwort, um das aus der Erinnerung hervorzuholen und mir vorzustellen, was fünfzig Kilometer von dem Zimmer entfernt liegt, wo Garibaldi dazu bestimmt ist, sich die Welt mit zusammengekniffenen Augen anzusehen. Dieses Erinnerungsgespräch wird von der Pra handeln, einem Fluß, der seinen Ursprung in den Großen Seen nimmt.

Einmal, an einem Herbstabend, hatten wir uns mit gepackten Rucksäcken von diesem Haus auf dem Lande zum Bahnhof der Schmalspurbahn begeben. Der Sand kühlte zur Nacht aus. Ein vertrauter blauer Stern ging über dem Waldrand auf.

Wie immer begann nun ein Gespräch darüber, ob es der Jupiter oder irgendein anderer Stern sei. Er trug sein flimmerndes Licht über die dunklen Wipfel der Kiefern, die mit Heidekraut bewachsenen Sandhügel, über die Bretterdächer und Starenhäuser – über diesen ganzen Waldbezirk, trug es und bahnte sich seinen langsamen Weg durch die Gestirne und unterstrich so gleichsam die Klarheit und Kühle der Nacht.

Im Wagen der Schmalspurbahn war es dunkel und eng. Nur der Mond, der gegen Mitternacht aufgegangen war, war hinter den Kiefern zu erkennen und beleuchtete mit seinem kupfernen Licht die Gesichter der Mitreisenden.

Neben uns saß ein etwa zwölfjähriges Mädchen in einem gestärkten rosa Kleid mit rosa Bändern in den Zöpfen und einem rosa Tuch um die rosa wirkenden Haare. Sogar ihre Augen glänzten im Mondlicht verzückt-rosa. Sie fuhr ins Dorf zurück aus der Kreisstadt, wo sie ihren Bruder, den Direktor der Berufsschule, besucht hatte. Sie erzählte mit feiner, ebenfalls rosa klingender Stimme von allen Filmen, die sie in der Stadt gesehen hatte, besonders von einem – den Titel hatte sie vergessen –, wo »Pferde vor eine Kutsche gespannt waren und irgendwelche feingemachten Tanten zu Besuch brachten«.

»Hast du den Film über den Komponisten Glinka gesehen?« fragte unvermittelt eine heisere Männerstimme aus dem Dunkel.

»Sicherlich habe ich den gesehen. Nur in meinem Kopf geht alles so durcheinander, und ich erinnere mich schon nicht mehr.«

»Und von wem ist die Musik zu diesem Film?« fragte streng dieselbe Stimme. »Weißt du das nicht? Von demselben Glinka. Es gibt da nämlich auch eine Oper ›Chowanschtschina‹ mit einer großartigen Musik. Die hat der Komponist Mussorgskij geschrieben. Das sollte die Jugend wissen.«

»Was soll man noch alles wissen!« erwiderte eine ältere Frau, die sich die ganze Zeit mit ihren Fingern an einem Sack voll Zwiebeln vor ihren Füßen zu schaffen machte. »Alles kann man ja nicht wissen, dafür reicht es einfach nicht.«

»Was Sie so daherreden!«

»Die sprechen da«, sagte listig ein kleiner alter Mann, der die ganze Zeit geträumt hatte und plötzlich aufgewacht war, »über den Komponisten Mussorgskij. Bei uns in Korostowo hatten wir mit ihm ein Erlebnis . . .«

»Mit wem, mit ihm?«

»Ja, ich sage es doch, mit dem Komponisten Mussorgskij. Im vorletzten Jahr gab es bei uns ein riesiges Hochwasser. Auf sieben Kilometer war alles überflutet.

Die Nächte waren natürlich schwarz. Da war eine solche Finsternis, daß kein Auge sie durchbohren konnte! Und der Steuermann hatte natürlich etwas über den Durst getrunken. Da ist er von der Fahrrinne abgekommen und hat ihn auf einen Hügel mitten in der Wiese gesetzt. Und mit solchem Schwung: drei Wochen lang hat man versucht, ihn herauszuziehen, das ist einfach nicht gelungen. So saß er dann auf der Wiese im Trocknen. Ein ganzes Jahr hat er da gelegen, bis zum nächsten Hochwasser. Das hat ihn erst herausgehoben.«

»Du bringst doch da irgendetwas durcheinander, Opa«, sagte der Komponistenkenner. »Redest du da noch halb im Schlaf?«

»Nein, das stimmt!« rief eine junge Stimme aus der Dunkelheit. »Dieser Zwischenfall mit dem Dampfer ›Komponist Mussorgskij‹ stimmt. Ich habe ihn selbst gesehen. Da war ein Dampfer mitten in der Wiese, und rings um ihn blühten lauter Blumen. Einfach zum Lachen!«

»Für manchen war das zum Lachen«, sagte der alte Mann knurrig, »aber der Steuermann hat sich dabei eine Strafe vom Gericht eingehandelt.«

»Und mit Recht!« meinte die Frau mit dem Zwiebelsack. »Soll doch den Dampfer nicht kaputt machen! Den Männern da ist doch alles ganz egal, wenn sie zuviel getrunken haben. Ein Dampfer ist schließlich Staatseigentum. Und er, der besoffene Trottel, dreht das Rad mit einem Finger. Daß mir diese Wodkabrüder bloß nicht unter die Augen kommen!«

»Heute ist ein Betrunkener schon eine Seltenheit«, bemerkte von der Tür her ein Mann, den man nicht sehen

konnte, besänftigend und trat seinen Zigarettenstummel aus. »Bei uns im Kolchos kannst du dir noch so viel Mühe geben, du findest keinen Betrunkenen. Das Volk ist nüchtern geworden. Und es arbeitet schneller.«
»Von anderen will ich ja nichts sagen, aber ich erfülle meine Arbeitsnormen«, antwortete sofort die ältere Frau und war schon wieder mit ihren Fingern an dem Zwiebelsack beschäftigt; man hörte trockene Zwiebelschalen rascheln.
»Deine Zwiebeln? Vom eigenen Land?«
»Ja, natürlich, meine. Meine eigenen.«
»Bringst du sie auf den Jahrmarkt? Nach Klepiki?«
»Ja.«
»Ich wundere mich schon«, bemerkte der Komponistenkenner, »daß der Wagen voller Zigeuner ist. Die zieht es auch nach Klepiki auf den Jahrmarkt.«
»Oh mein Schatz, du bist ja wie gemalt!« sang mit voller Stimme eine Zigeunerin, die am Fenster stand, und zündete sich mit einem Streichholz eine Zigarette an. »Unsere ganze Sippe besteht nur aus sechs Zigeunern. Dir aber ist es hier schon zu eng . . .«
Der Schein des Streichholzes hatte die blauen Haare der Zigeunerin beleuchtet.
»Wir führen nun einmal so ein Nomadenleben«, seufzte die Zigeunerin. »Es ist wie ein Traum: den träumt man auch nie wieder von vorn.«
»Ein erstaunliches Volk!« sagte leise der Komponistenkenner und wandte sich zu mir: »Fahre ich einmal nach Sasowo. Der ganze Wagen ist brechend voll, und alle mit ganz schweren Säcken. Neben mir sitzt eine junge Zigeunerin mit einem kleinen Mädchen auf dem Arm. Das war eine schöne Zigeunerin! Sie hatte keinerlei

Gepäck bei sich, nur ein Bündel. Irgendeine Kleinigkeit war in ein Tuch gewickelt. Das Kind wachte auf und wollte anfangen zu weinen. Da bindet diese Zigeunerin ihr Bündel auf. Ich schaue hinein, da ist nur ein Stück Brot drin und drei große Georginen. Sie gab dem Mädchen eine Georgine, gleichsam als Spielzeug, und da wurde das Kind ganz still und fing an, mit der Blume zu spielen.«

»Sie haben eine Vorliebe für solche Dinge«, bemerkte der alte Mann.

Die Zigeuner gingen auf die Plattform hinaus, besprachen etwas, und plötzlich fing eine tiefe Frauenstimme so laut an zu singen, daß sie das Rattern der Puffer und das Rauschen der Zweige übertönte, die an die Wände des Wagens klatschten. Die Zigeunerin sang ein lang vergessenes Lied:

Wie eine blaue Blume im verschneiten Feld,
So habe ich deine Schönheit erblickt . . .

Der Wagen wurde ganz still. Wälder zogen vorüber, vom Mondlicht übergossen. In der Tiefe der halbverwachsenen Wege lag Nebel und schimmerte weiß.

An der Art, wie alle schweigend auf das Lied der Zigeunerin hörten, erkannte man, daß es keinen Menschen im Wagen gab – wer auch immer, der Holzfäller oder der Pferdeknecht vom Kolchos, das Mädchen im rosa Kleid oder der alte Mann, der so viel im Leben gesehen, daß seine Augen allein von freundlicher Aufgeschlossenheit allem gegenüber bestimmt waren – keinen, der nicht dieses Empfinden der Schönheit und der Erwartung, ihr zu begegnen, mitempfunden hätte.

»Ja«, sagte der Pferdeknecht, als die Zigeunerin aufgehört hatte zu singen, »ich hatte eine Frau, Tanja,

schlank wie eine Gerte ...«
Hier stockte er und schwieg. So erfuhr keiner, was mit seiner Frau geschehen war. Und keiner wagte, ihn nach seiner Tanja zu fragen, nicht einmal die neugierige Frau mit dem Zwiebelsack. Sie seufzte nur und wischte sich, tief herabgebeugt, behutsam beide Augen mit einem Zipfel ihres schwarzen Kopftuches.
Tief in der Nacht stiegen wir am Haltepunkt Letniki aus. Zu beiden Seiten des Weges rauschte sacht ein Birkenwald. Vom Sumpf zog Kälte herüber.
Wir gingen lange, im Gleichschritt, wie beim Marsch. Nach zwei Stunden kam im Osten am Himmel ein reines und schwaches Blau auf. Dort, in der Ferne über den Wäldern, bildete sich das erste Morgenlicht. Und in diesem trüben Morgenlicht brannte noch eindringlicher als in der Nacht ein Stern.
Mit jedem Kilometer nahm das Dickicht zu. Langsam drangen wir in das riesige, urwüchsige Waldgebiet ein.
Als es ganz hell geworden war, ließen wir uns am Waldrand zu einer Rast nieder. Eine junge Espe zitterte über dem Kopf mit ihrem zarten zitronengelben Laub. Behutsam flogen Blätter herab und blieben in Spinnweben und im Gestrüpp der Teufelskirschen stecken.
»Ein ganz Nesterowsches Rußland«, sagte einer von uns halblaut.
Wir hatten uns angewöhnt, von »Lewitanschen Stellen« und dem »Nesterowschen Rußland« zu sprechen. Diese Maler halfen uns, unser Land mit seiner ungewöhnlichen lyrischen Kraft sehend zu erfassen. Es bedeutet keine Beeinträchtigung, daß sich der Anblick dieser kleinen Flüsse und Erlenbüsche, des blassen Himmels

und der bewaldeten Hänge immer mit einem Tropfen Wehmut mischt, vielleicht, weil jede Begegnung mit diesen Stellen zugleich auch eine Trennung bedeutet. Es tut uns weh, daß wir nicht die Kraft haben, einen solchen vergänglichen Herbstmorgen in etwas Bleibendes zu verwandeln, in endloses Rascheln goldenen Laubs, endlosen Glanz kühler Seen, endlosen Reigen leichter, rauchgleicher Wolken.

Von einem steilen Sandhügel aus öffnete sich unten der Blick auf die Fläche eines unbekannten, über die Ufer getretenen Flusses. Dahinter hoben sich in den Himmel Kiefernwälder, Urwaldfestungen. An ihrem Rand war ein Dorf zu erkennen, und wie eine Vision stand da im Dunst eine sehr hohe, im Laufe der Zeit schwarz gewordene Holzkirche.

Nebel lag über der bläulichen Wasserfläche. Nur die Spitzen von Heuschobern schimmerten wie kleine Inseln dunkel darüber.

Wir ließen uns Zeit. Keiner wollte aufbrechen. Noch schlief das Dorf hinter dem Fluß. Kein einziger kleiner Rauchschwaden stieg von den Dächern auf. Kein Muhen der Kühe, kein Krähen der Hähne war zu hören. Es schien, als läge vor uns ein verzaubertes Land in seiner tiefen Stille. So dürften sich unsere Vorfahren die einsamen Anwesen mit Haus und Kirche aus Balken vorgestellt haben, wie sie in ihren Bauernmärchen vorkommen, jene Anwesen, wo traurige schöne Mädchen jahrelang am Spinnrocken spannen und ihres Geliebten harrten.

Langsam hob sich die Sonne – verwaschen, strohfarben. Am Rande des Dorfes ertönte langgezogen ein Hirtenhorn. Das Zauberreich erwachte.

Wir warfen die Rucksäcke auf den Rücken und gingen durch eine taufrische Ebene auf das Dorf zu. Es roch süß nach Sumpfporst. Und immer lauter, immer näher tönte das Hirtenhorn.
Nahe bei dem Dorf begegneten wir dem Hirten. Er trieb eine Kuhherde. Jede Kuh hatte am Hals eine kupferne Glocke, die läutete.
»Das ist ja großartig!« rief der Hirt, nahm den Hut ab und nickte uns zu. »Seid bedankt, Freunde, daß ihr Flinten mitgebracht habt. Hier kann man vor Wölfen nicht leben. Jeden Tag muß man damit rechnen, daß sie Kälber reißen. In unserem Bezirk lassen sich selten einmal Jäger sehen.«
»Wie kommt das?«
»Das Dickicht, die Sümpfe. Es ist mühsam, bis zu uns zu gelangen. Wir sind die Letzten. Auf hundert Kilometer kein Dorf mehr. Nur Wald.«
»Wie heißt das Dorf?«
»Da gibt es verschiedene Namen. Der neue ist Grischino, früher hieß es Sawodskoj Possad, also Fabriksiedlung. Unter dem Zaren Peter gab es hier ein Eisenwerk.«
Grischino erwies sich als ganz gewöhnliches Dorf. So würde es von ihm sicher auch in jedem Führer heißen. Doch gerade in seiner Gewöhnlichkeit lag ein stiller und vertrauter Reiz: im geschnitzten Schmuck an den Fenstern, in den hohen Treppchen vor den Türen, in den Beeren des Schneeballstrauchs über den Staketen, in den alten Balken, die sich an jedem Tor häuften, in den streitsüchtigen feurigen Hähnen, in den grauen Augen der Frauen – bald streng, bald schüchtern, bald zärtlich, in dem vorsichtigen Gang der Bäuerinnen, wenn sie mit

dem Schulterjoch volle Eimer tragen, in den krausen Geranien, die in Konservendosen blühen, in den Kindern, deren Haar ausgeblichen ist wie Flachs.

Am Ende des Dorfes, in einem Sträßchen, auf dessen festem weißem Sand sauberes Gras wuchs, stand inmitten von vielen Blumen eine einsame Hütte. Auf der Treppe saß ein rötlicher Kater mit so finsteren grünen Augen, daß man nicht lange hinschauen konnte. Gleich hinter dem Zaun war ein Fluß, sein Wasser sah aus wie starker Tee. Das war die Pra.

Ich blickte auf die Hütte und spürte einen Druck auf dem Herzen, so ist es immer, wenn man das erblickt, wovon man viele Jahre geträumt hat. Ich hatte davon geträumt, mich in so einer sauberen Hütte niederzulassen, in einem einsamen Waldgebiet, mich dort für lange Zeit niederzulassen und in Ruhe zu arbeiten. Nur so, schien mir, können echte Werke geschrieben werden – ungehetzt, wohlüberlegt, aus voller Kraft.

Wir stiegen die Stufen der Hütte hinauf und klopften an das kleine Fenster. Es öffnete uns eine ältere Frau in einem weißen Kopftuch.

»Kommen Sie bitte in die Stube«, sagte sie freundlich, ohne zu fragen, wer wir waren und warum wir bei ihr anklopften. »Ich hatte Sie schon durchs Fenster bemerkt. Wie ich Sie sah, dachte ich mir, das sind Jäger, aus Moskau, fröhliche Leute, Gebildete. Aljoscha und ich, wir freuen uns immer, wenn jemand von auswärts kommt. Ein Mensch von auswärts, das ist bei uns selten.«

In der Stube war es sauber und trocken. Blumen standen nicht nur auf den Fensterbrettern, sondern auch auf dem Fußboden, sie blühten leuchtend; sie fühlten sich

offenbar in dieser warmen, lichten Hütte wohl.
»Gleich wird Aljoscha hereinkommen, er wäscht sich«, sagte die Frau. »Zwei Kinder habe ich, Aljoscha und Katja. Aljoscha ist der Vorsitzende vom Dorfsowjet, und Katja arbeitet in der Wattefabrik bei Klepiki. Vielleicht sind Sie dort vorbeigekommen. Da ist der Weg mit alter Watte befestigt. Wo es sumpfig ist, legen die Fahrer alte Watte unter die Räder, damit die Wagen leichter durchkommen.«
Wir erinnerten uns, daß wir nachts wirklich über einen seltsam elastischen Weg gegangen waren.
»Das lag eben an der Watte!« lachte die Frau. »Sie haben das nur nicht bemerkt . . . da ist er ja, mein Aljoscha.«
In die Stube kam ein junger Mann in Hemdbluse mit Ordensbändern, in Arbeits-Schutzhosen und mit gelben Schuhen. In seinen Bewegungen und in seinem ganzen Wesen war etwas irgendwie Elegantes. Bei der Begrüßung neigte er den Kopf mit seinen roten, ins Kupferne schimmernden Haaren, dann richtete er sich auf, und wir sahen seine Augen, sie waren tiefblau und verlegen.
Das Gesicht hatte etwas Bekanntes. Mir kam es so vor, als hätte ich es lange nicht gesehen, würde es aber seit langem kennen, bis ich begriff, daß Aljoscha Jessenin sehr ähnlich war. Ich sagte ihm das. Da lachte er:
»Kann sein. Wir sind ja Landsleute: beide aus der Gegend von Rjasan. An der Front nannte man mich auch ›Aljoscha Jessenin‹.«
»Haben Sie Jessenins Gedichte gern?«
»Nicht alle. Manche mag ich sehr. Zum Beispiel das vom ›Grauen Kleid unserer bescheidenen Himmel im Norden‹.«

So ergab sich in der dörflichen Abgeschiedenheit mit dem Vorsitzenden des Dorfsowjets Alexej Sofronow ein Gespräch über die Lyrik. Dann kamen wir auf den Wald zu sprechen, auf den Kolchos von Grischino und alles in diesem Bezirk.

»Wir haben hier einen reichen Kolchos«, sagte die alte Frau. »Haben Sie die Kühe gesehen? Sie sind gut im Futter, geben viel Milch. Jaroslawler. Hier sind die Weiden fett und üppig. Bei uns gibt es auch eine Handwerksgenossenschaft. Aljoscha hat sie gegründet. Dort machen sie Krummhölzer für die Geschirre, Räder, Fässer, Bienenstöcke. Ein fruchtbares Land! Wieviel Pilze es allein gibt! Hier braucht man sie nicht einmal zu sammeln, man kann sie mähen. Bestimmt!«

»Ja«, bemerkte Aljoscha, »eine erstaunliche Gegend. Ungestraft kann keiner hierher kommen.«

»Sie meinen?«

»Ach nur so . . . Sie werden es selbst sehen. Sie werden in Moskau noch lange davon träumen, von dieser Gegend. Ich bin hier groß geworden, doch bis jetzt habe ich mich noch nicht daran gewöhnt.«

»An etwas so Schönes kann man sich doch nicht gewöhnen!« stimmte Aljoschas Mutter sofort zu.

Da kam über die Stufen eilig eine geschäftige alte Frau in einem Wollrock in die Stube, blieb an der Schwelle stehen und wischte sich schnell den Mund mit ihrer runzligen kleinen Hand ab.

»O mein Gott!« hob sie mit singender, weinerlicher Stimme an. »Guten Menschen schickt der Herrgott Gäste, ich aber, Ljoscha, komme zu dir mit meinem Kummer und Gram.«

»Was ist denn passiert, Oma Nastasja?«

»Du solltest einen Riemen nehmen und meinen Sanka verhauen. Ich habe einfach nicht mehr die Kraft, mit ihm fertig zu werden, gehe ja schon auf achtzig. Es wäre ja auch eine Sünde für mich alte Frau, den Jungen zu verdreschen, wenn er auch mein Enkel ist.«

»Wofür hat er denn Dresche verdient?« fragte Aljoscha und lachte.

»Was, wofür? Mein Lieber, ich weiß doch mit den Gesetzen gut Bescheid. Die sind nicht umsonst geschrieben. Gibt es nicht so ein Gesetz, daß man ganz alten Menschen Hilfeleistung erweisen soll? Ja, das gibt es! Sogar in einem Lied singen sie: ›Der alte Mensch, der wird bei uns geehret.‹ Ich habe das selbst gehört, weiß Gott! Sanka, was der aber alles anrichtet! Da steht man in aller Herrgottsfrühe auf und weiß nicht wohin vor lauter Arbeit in der Hütte: Wasser muß man holen, den Ofen muß man heizen, den Fußboden mit dem Besen kehren, den Hühnern die Hirse hinstreuen und dies und das. Soviel Mühe, zum Gotterbarmen! Und alles ich alleine. Und er, kaum hat er seine Füße aus dem Bett gestreckt, kaum sein Glas Milch ausgetrunken, da ist von ihm, dem Wuschelkopf, nichts mehr zu sehen. Den ganzen Tag treibt er sich auf der Wiese herum, der Satan soll ihn strafen, stößt da einen Lederball mit den Füßen herum. Wer hat sich nur dieses verfluchte Fußballspiel ausgedacht! Von früh bis spät stoßen sie den Ball herum, haben sich reinweg die Schuhsohlen abgestoßen. Wie die Blöden rennen sie herum, die ganze Zeit, mal brüllen sie, mal bellen sie: Tor und Tor! Was ist denn das für ein Grund zur Freude, wenn ein Mensch ein Tor ist, ein armer Tor! Kein Gedanke, der Oma zu helfen, sondern immer nur Tor und Tor!«

»Ja, das stimmt«, bestätigte Aljoscha. »Unsere Buben hat der Fußball gepackt. Wir werden sie mal ein bißchen bremsen.«

»Und neulich, als sie mit dem Ball die Hütte trafen, oh weh, was war das für ein Schreck! Die ganze Hütte zitterte, sie bebte. Und wie der Hahn im Flur gekräht hat, mit so einer schrecklichen Stimme, hochgeflogen ist er und, bums, mit dem Kopf gegen die Decke! Da lag er da, hat die Augen verdreht. Mit Wasser habe ich ihn übergossen, fast wäre er daran gestorben, mein armer Hahn. Sag doch selbst: wie soll man da nicht erschrekken? So etwas kann ja ein Mensch schon kaum überleben, geschweige denn so ein armes Tier. Du nimmst ihn dir also einmal vor?«

»Mach dir keine Sorgen.«

»Na denn, vielen Dank!«

Die alte Frau verbeugte sich tief, ging auf die Straße hinaus und lief eilig auf ihre Hütte zu. Doch gleich hinter der Schwelle fing sie an zu schreien:

»Sanka! Hierher mit dir! Ich werde dir beibringen, wie man Fußball spielt, du Rumtreiber, du fauler!«

Wir lachten über die Kümmernisse der Großmutter Nastasja und verabschiedeten uns. Aljoscha begleitete uns bis zum Steg über die Pra und sagte, wir sollten unbedingt bis zum Forsthaus 273 gehen. Da gebe es hinreißend schöne Stellen.

Hinter der Pra stiegen wir einen Sandhügel hinauf und kamen in den Wald. Er empfing uns mit feuchter Stille, mit dem Blau und dem Glanz des Himmels über den Wipfeln. Es war windstill. Zitronenfalter flatterten über die Waldwiesen.

Je weiter wir kamen, desto dichter, feierlicher und

düsterer wurde der Wald. Unerwartet glänzte unten an einem Abhang Wasser auf – der alte Lauf der Pra, auf der Marienkraut und die letzten weißen Wasserlilien wuchsen. Auf der anderen Seite verlief der Waldweg in einem weiten Bogen nach oben, ihn durchschnitten warme Streifen des Sonnenlichts.

Allmählich gewöhnte sich das Gehör an die Stille, und wir nahmen das unklare Glucksen der Kraniche wahr und das Klopfen des Spechts, des Holzbearbeiters.

Wir wußten, daß sich irgendwo hier in der Nähe des Weges zum Forsthaus der tiefe Schuja-See befinden mußte. Jede Niederung im Wald, die mit undurchdringlichem Erlengestrüpp verwachsen war, hielten wir für das Ufer dieses Sees. Doch er tauchte plötzlich am Fuße eines steilen Hügels inmitten von Kiefern auf, umgeben von einem Gehölz junger Espen und alter Schwarzerlen.

Er war rund wie eine Schale, hatte ganz klares und ruhiges Wasser. Er spiegelte diesen ganzen blauen, dunstigen, dahinströmenden Tag in seiner Tiefe und Frische wider. Jeder Stechpalmenstrauch, die weißen, fast durchsichtigen Blüten des Froschbisses, die mit Schachtelhalm bewachsenen, ins Wasser gestürzten Bäume, die schüchternen Vergißmeinnicht im Moos, die Schwärme winziger Fische, die mit ihren Mäulern gegen die Wurzeln unter dem Wasser stießen – all das kam uns so märchenhaft vor, daß wir halblaut sprachen. Als hätte man uns in ein lichtes Zauberreich eingelassen, wo man erblicken konnte, wie sich einem vor den Augen die Waldblumen öffnen, wie von ihnen langsam der Tau auf die daruntergehaltene Hand tropft, wie ein braunes Blatt sich bewegt und unter ihm ein stämmiger Steinpilz

hervorwächst und seine Schultern mit dem kleinen braunen Bauernkittel aufrichtet.
Von den überhängenden Bäumen fiel Schatten auf das Wasser. Das Wasser wirkte im Schatten ungewöhnlich tief und schwarz. Ein welkes Espenblatt lag auf diesem Wasser wie eine Kostbarkeit, die der junge Herbst achtlos hatte fallenlassen, noch im ersten Anfang seines kurzen Lebens.
Ach könnte man doch den Lauf der Zeit verlangsamen, damit dieses stille Licht und dieser zauberhafte Tag möglichst lange über dem See blaut, damit man möglichst lange den Schatten der Vögel auf dem Wasser beobachten kann, den kaum wahrnehmbaren Glanz, wie er zum Himmel aufsteigt!
Auf einmal wurde die Bedeutung des Wortes »Vollkommenheit« verständlich. Und damit setzte auch ein zartes Bedauern ein. Worüber? Darüber, daß der Mensch unter gar keinen Umständen in der Lage ist, den Zauber eines solchen Tages, solcher Gewässer, Gräser, erhabener Stille wiederzugeben, wie überhaupt den ganzen Zauber dessen, was sich im Augenblick in seiner Seele regt. Und dann packt einen der Ärger noch deshalb, weil man das alles allein sieht, während es doch alle geliebten und lieben Menschen sehen sollten. Wenn der Mensch glücklich ist, dann ist er freigebig, dann möchte er andere an dem Schönen teilnehmen lassen. Wir waren in jenem Augenblick glücklich, aber wir schwiegen, denn Entzücken duldet keinen Ausruf und keinen äußeren Ausdruck.
Auf einer Lichtung in der Nähe des Sees stand eine aus dünnen Birkenstämmen zusammengezimmerte Bank. Daneben befand sich an einer Stange eine kleine Tafel:

»Hier darf geraucht werden.« Mit Bleistift war darunter geschrieben: »Bitte schützen Sie diesen Wald. Offenes Feuer ist streng verboten. *Alexej Sheltow,* Waldhüter.«

Wir sahen uns im Umkreis der Bank den Boden an, da lag nur ein einziger zerfallener Zigarettenstummel – so selten kam jemand diesen Weg entlang. Und um so rührender schien uns diese Sorge um den Wald in einer Gegend, wo im Laufe einer Woche vielleicht zwei, drei Menschen vorüberkommen. Der Karte nach zu urteilen verlor sich der Weg etwa fünf Kilometer weiter im Dickicht hinter dem Linjowo-See.

Das Forsthaus stand auf einem Hügel an einer stillen, flachen Bucht der Pra. Auf sein Dach hatte man ein Brett mit der schwarzen »273« auf weißem Grund genagelt. An dieser Zahl orientierten sich über den Wald fliegende Flugzeuge.

Alexej Sheltow, ein wetterharter alter Mann mit einer ausgeblichenen grünen Mütze, an deren Rand das Zeichen des Waldhüters steckte – zwei Eichenblätter aus Messing, saß neben der Hütte auf einer Bank und las Zeitung, als ob er uns nicht bemerke, uns fünf, die langsam auf das Forsthaus zugingen.

Das war natürlich Berechnung. Er hatte uns schon lange durchs Fenster bemerkt und war absichtlich mit der Zeitung hinausgegangen. Alexej Sheltow, man nannte ihn auch Onkel Ljoscha, wollte durch sein ganzes Benehmen zeigen, daß Gäste hier keine Seltenheit waren und er als höflicher und welterfahrener Mensch durchaus nicht neugierig war, wer wir seien, weshalb wir kämen und wohin wir wollten.

Die Art der Unterhaltung, die nun mit Onkel Ljoscha

begann, kannten wir schon – ein etwas durchtriebenes Gespräch, das unerfahrene Städter unsicher machen sollte.
Es betraf die Dürre und einen Waldbrand, der irgendwo, wohl in der Gegend von Kriuschi, sein müsse, betraf die Ernte, Neuigkeiten aus der Zeitung, den Jahrmarkt in Klepiki, aber keineswegs die Möglichkeit der Übernachtung und die Frage, wer wir eigentlich seien. Darauf durfte die Rede nicht sofort gebracht werden, das war hinauszuzögern – so war es unerschütterlicher Brauch in dieser Gegend.
So plauderten wir, tranken Wasser aus der Quelle bei einer Kiefer, lobten das Wasser, rauchten, und erst dann wechselte das Gespräch zur Hauptsache über: ob wir ein paar Tage im Forsthaus bei Onkel Ljoscha wohnen dürften und ob seine Frau bereit sei, für uns zu kochen.
»Wir haben einen großen Heuboden, es ist viel Heu da, da können Sie so lange bleiben, wie Sie wollen. Ich freue mich immer über Gäste. Aber wegen der Verpflegung – das ist nicht meine Sache. Da müssen Sie sich an meine Frau wenden, an die Arischa. Ich weiß nicht recht, ob sie einverstanden ist oder nicht. Das ist ihre Sache, gehört zum Haushalt. Kommen Sie doch bitte herein, da können wir es klären.«
Arischa, eine hagere alte Frau mit einem dunklen, strengen Gesicht, sagte natürlich, Gott möge sie bewahren, wie sie denn für fünf Menschen kochen solle! Das sei ganz undenkbar! Und was, wenn sie es nicht recht mache, wie sie es im vorletzten Jahr dem Förster nicht recht gemacht habe. Sie habe eine Fischsuppe gekocht, er aber habe gesagt, sie sei recht fett. Vielleicht habe er

sich über sie lustig machen wollen, aber sie habe das bis jetzt nicht vergessen. Das sei für eine Hausfrau kränkend. Den Samowar aufzustellen, das sei eine Kleinigkeit. Aber einen Brei aus Grütze, Gott mag wissen, wie man es damit recht macht. Sie seien doch Leute aus der Stadt, verwöhnt, ihr Brei sei zwar dick, doch einfach.
Auf alle unsere Überredungsversuche antwortete die alte Frau eigensinnig:
»Ja, ich weiß nicht so recht ...«
Dann wurde sie plötzlich ganz geschäftig:
»Was haben Sie denn Ihre Säcke und Ihre Flinten draußen abgelegt? Holen Sie sie herein. Und was sitzt du da herum? Weißt nichts Besseres als zu rauchen?« blaffte sie den alten Mann an. »Hilf die Sachen hereinbringen. Die Leute sind müde, sind die ganze Nacht unterwegs. Du hast nichts anderes im Kopf, als dich mit ihnen zu unterhalten. Wo sie bei uns ein paar Tage bleiben werden, da wirst du noch genug zum Schwatzen kommen.«
Schnell wischte sie den Holztisch ab.
»Gleich bringe ich Ihnen erst einmal ein bißchen Milch. Welche möchten Sie, die von heute früh oder die von gestern abend? Ich bringe den Samowar in Gang und werde Ihnen Nerflinge braten – mein Mann hat sie heute gefangen. Und dann werden wir weitersehen.«
Der Brauch war gewahrt, und von diesem Augenblick an war die Oma Arischa in vollem Einsatz, sie tat, was sie konnte und sorgte für uns wie für ihre eigenen Kinder. Ihre Augen strahlten vor Freundlichkeit und Erregung. Immer wieder sagte sie:
»Mein Gott, drei Jahre war niemand mehr bei uns zu Gast! Haben Sie Dank, daß Sie daran gedacht haben, bei

uns im Forsthaus zu leben. Was werden sich meine Söhne und Töchter freuen! Sie wissen ja schon gar nicht mehr, was andere Menschen sind. Ich selbst habe mein ganzes Leben in dieser Einöde gehockt. Ich habe tüchtige Töchter, sie sind sehr schön! Und die Söhne auch. Jetzt sind sie im Wald, beim Rundgang. Sie helfen ihrem Vater. Unser Revier ist endlos: da kann ein Mensch allein nicht mit fertig werden.«

Wir verbrachten einige Tage im Forsthaus, fingen Fische im Schuja-See, jagten am Orsa-See, der nur wenige Zentimeter klaren Wassers hatte, darunter aber grundlosen, zähen Schlamm. Wenn wir Enten schossen und sie ins Wasser fielen, konnten wir sie uns nicht holen. Um am Ufer des Sees zu gehen, mußten wir breite Laufbretter vom Waldhüter unterschnallen, sonst wären wir im Moor versunken.

Die meiste Zeit hingegen verbrachten wir an der Pra. Ich habe viele malerische und einsame Plätze in Rußland gesehen, aber einen Fluß, der jungfräulicher und geheimnisvoller als die Pra ist, werde ich kaum jemals wieder erblicken.

An ihren Ufern wechselten trockene Kiefernwälder mit jahrhundertealten Eichenhainen ab, mit Gestrüpp von Weiden, Erlen und Espen. Der Wind hatte riesige Kiefern, wie sie für Schiffsmasten gebraucht werden, umgestürzt, und sie lagen nun über ihrem braunen, doch ganz durchsichtigen Wasser wie aus Kupfer gegossene Brücken. Von diesen Kiefern aus angelten wir die schwer zu fangenden Nerflinge.

Die vom Flußwasser überspülten und dem Wind ausgesetzten sandigen Landzungen waren mit Huflattich und Blumen bewachsen. In all der Zeit sahen wir im weißen

Sand nicht eine einzige menschliche Spur – nur Spuren von Wölfen, Elchen und Vögeln.
Die dichten kleinen Büsche von Heidekraut und Preiselbeeren reichten bis unmittelbar ans Wasser heran und gingen ins Gestrüpp von Laichkraut, rosa Froschlöffel und Seedisteln über.
Der Fluß verlief in wunderlichen Windungen. Seine verwunschenen Buchten verloren sich im Dunkel der sonnenwarmen Wälder. Über das fließende Wasser flogen unablässig von Ufer zu Ufer glitzernde Mandelkrähen und Libellen, in der Höhe aber schwebten riesige Bussarde. Ringsum stand alles in voller, sich seinem Ende zuneigender Blüte. Millionen Blätter, Stengel, Zweige und Blütenblätter waren uns bei jedem Schritt im Weg, und wir erlagen diesem Ansturm des Pflanzenwuchses, hielten immer wieder inne und sogen die herbe Luft der hundertjährigen Kiefern in die Lungen, bis es weh tat. Unter den Bäumen lag eine ganze Schicht trockener Zapfen. Bis zum Knöchel versank der Fuß darin.
Manchmal wehte ein Wind vom Unterlauf her den Fluß entlang aus den riesigen Waldmassiven, von dort, wo am Herbsthimmel die ruhige und noch heiße Sonne brennt. Das Herz erstarb in dem Gedanken, daß dort, wohin dieser Fluß strömt, sich fast zweihundert Kilometer lang nur Wald erstreckt, Wald und keinerlei menschliche Ansiedlungen. Nur hier und da stehen am Ufer die Zelte der Teerbrenner, da zieht durch den Wald der süßliche Rauch von heißem Harz.
Das wundervollste in dieser Gegend aber war die Luft. Sie hatte eine vollkommene und herrliche Reinheit. Diese Reinheit gab allem, was von dieser Luft umgeben

war, eine besondere Schärfe, sogar einen Glanz. Jeder trockene Zweig einer Kiefer war durch die dunklen Nadeln auf große Entfernung hin zu erkennen. Er wirkte wie aus Eisen geschmiedet mit etwas Rost darüber. Von fern her war jeder Faden eines Spinnennetzes zu sehen, auch der grüne Kienapfel hoch im Wipfel und der Grashalm.

Die Klarheit der Luft gab der Umwelt eine ungewöhnliche Kraft und Ursprünglichkeit, besonders am Morgen, wenn alles naß war vom Tau und nur der bläuliche Nebel noch die Niederungen bedeckte.

Im Laufe des Tages spielten dann in Fluß und Wald eine Menge sonniger Flecken – goldener, blauer, grüner und regenbogenfarbener. Bald vergingen diese Ströme des Lichts, bald entbrannten sie und verwandelten das Unterholz in eine lebendige, zitternde Laubwelt. Das Auge erholte sich von der Aufnahme des mächtigen und vielfältigen grünen Lichts.

Vögel durchschnitten mit ihrem Flug diese flimmernde Luft: sie tönte vom Schlag der Vogelschwingen.

Die Gerüche des Waldes kamen in Wellen heran. Manchmal war es schwer, diese Gerüche zu bestimmen. In ihnen mischte sich alles: das Atmen von Wacholder, Heidekraut, Wasser, Preiselbeeren, modernden Baumstümpfen, Pilzen, Wasserlilien, vielleicht auch des Himmels selbst . . . er war so blau und rein, daß man unwillkürlich glauben mußte, diese Duftozeane würden auch ihren Geruch beitragen – nach Ozon und Wind, der von den Ufern warmer Meere bis hierher weht.

Manchmal ist es sehr schwer, seine Empfindungen auszudrücken. Aber am richtigsten kann man wohl den Zustand, den wir alle empfanden, als Ehrfurcht bezeichnen, Ehrfurcht vor der in keiner Beschreibung zu erfassenden Schönheit der vertrauten Heimat.

Turgenjew hat vom Zauber der russischen Sprache gesprochen. Aber er hat nicht davon gesprochen, daß der Zauber der Sprache aus dieser zauberhaften Natur und den wunderbaren Eigenheiten des Menschen geboren worden ist.

Der Mensch aber ist etwas Wunderbares – im Kleinen wie im Großen: einfach, klar und gütig. Einfach in der Arbeit, klar in seinem Denken und gütig im Verhalten zu den Menschen. Ja, und nicht nur zu den Menschen, sondern auch zu jedem guten Tier und jedem Baum.

Onkel Ljoscha war aus gutem Grund die ganze Zeit in Sorgen, er seufzte und wartete auf Regen: die Wälder waren schon allzu trocken, daß da nur nicht durch einen dummen Zufall ein Brand entstünde.

Als sich am dritten Tag ein grauer Regendunst von früh an über den Wald ausbreitete, da freute sich Onkel Ljoscha und sagte:

»Es gibt Regen! He! Ein schöner Regen! Der Wald ist ja auch wie Feuerschwamm. Jeden Augenblick kann er von selbst anfangen zu brennen!«

Nachts tönte um das Forsthaus das stöhnende Rufen der Elche, und Onkel Ljoscha war unglücklich, weil sie in diesem Jahr so schwach brunfteten, die Zahl der Elche hatte sich verringert, zu viele hatten die Wölfe gerissen. Er beschloß, einen Sohn nach Klepiki zu den dortigen Jägern zu schicken, sie sollten bitte eine Wolfsjagd veranstalten.

Gegen Abend unseres ersten Tages waren zwei Töchter und zwei Söhne von Onkel Ljoscha aus dem Waldrevier zurückgekehrt. Als wir sie trafen, waren sie verlegen

und aufgeregt, sie wuschen sich gerade im kleinen See neben dem Blockhaus.
Die Mädchen putzten voller Eifer ihre ohnehin blendend weißen Zähne, und abends kamen sie braungebrannt mit ihren goldenen Haaren im raschelnden Sonntagsstaat in die Stube. Sogar die niedergeschlagenen Wimpern vermochten nicht den Glanz ihrer Augen zu verbergen.
Der ältere Sohn war zurückhaltend, sehr höflich und sprach mit uns über Moskau, über Schischkows »Der dunkle Strom« (er hatte den Roman gerade gelesen), über seinen heimlichen Traum, der sich schon verwirklichte: in wenigen Tagen sollte er nach Wladimir aufbrechen, um an der Forstfachschule zu studieren. Der Jüngere schwieg, lächelte und spielte leise auf einer Harmonika:

Den alten Walzer »Traum im Herbst«
Spielt die Harmonika . . .

Bald verloren die Mädchen ihre Schüchternheit. Sie saßen am Tisch, stützten sich mit den Händen auf, lauschten gierig auf unser Gespräch und blickten uns mit feuchten freudigen Augen an. Wir kamen ihnen wohl wie Besucher aus einer großen, ungeheuer verlokkenden Welt vor, die sie ja früher oder später selbst einmal kennenlernen würden.
Nach zwei Tagen stellte sich heraus, daß Onkel Ljoscha und seine Familie nicht die einzigen Bewohner dieser abgelegenen Gegend waren.
Wir hatten uns die Pra flußabwärts weit weg zum Angeln begeben. Als die abendliche Dämmerung heranzog, kamen aus dem Wald zu uns auf den Sandhang am Fluß vorsichtig zwei kleine barfüßige Jungen. Sie näher-

mit Bleistift:
»Ich hörte, daß in dieser verlassenen Gegend Moskauer aufgetaucht sind. Freue mich sehr und bitte Sie herzlich, heute abend zu mir zu einem Glas Tee zu kommen.«
Die Unterschrift war unbekannt.
»Wie habt Ihr uns denn hier gefunden?«
»Nach den Spuren. Das ist nicht weit von hier. Wir hatten nur zehn Kilometer zu Ihnen zu laufen.«
»Was habt Ihr denn eine halbe Stunde dagesessen und nichts gesagt? Und mir den Brief nicht gegeben?«
»Ach, wir wußten nicht recht«, gestand der Ältere mutig.
Nach diesen Worten standen die Jungen auf einmal auf und liefen in den Wald. Der jüngere drehte sich beim Laufen immer wieder um und stolperte.
Abends gingen wir zu dem geheimnisvollen Jäger. Wir nahmen eine Petroleumlampe mit.
Schon hatte sich der nächtliche Nebel über den feuchten Pfad gelegt. Ein kalter Mond stieg über dem Dickicht auf und zog seine ewige Bahn. Die Eulen flogen niedrig. Die Taschenlampe beleuchtete nur die Erde: die Wurzeln der Bäume, das Gras, die dunklen Pfützen. Später tauchte vor uns ein kleines rötliches Licht im Dunst auf, und wir näherten uns zwei Blockhäusern, die sich im Dunkel verloren. Neben den Hütten brannten offene Feuer.
Es stellte sich heraus, daß die Bewohner der Aussiedlerhöfe dort die ganze Nacht Feuer unterhielten, um die Wölfe zu verscheuchen.
Ein sehniger alter Jäger begrüßte uns, ein echter Einsiedler. In einer leeren, kaminlosen Hütte, in die ständig ein Kalb vom Stall herüberkommen wollte, bewirtete er

uns mit einem starken Tee.
Der Jäger war Mitarbeiter des Torfinstituts. Vor einigen Jahren war er mit einer kleinen Expedition auf der Suche nach neuen Torflagerstätten in dieses Gebiet gekommen, und da hatte ihm dieser Wald so gut gefallen, daß er jeden Herbst zum Urlaub hierher reiste. Nach den Worten des Jägers waren wir die ersten Moskauer, die während der letzten paar Jahre bis hierher gelangt waren. Wie sollte er uns dann nicht zu sich bitten!
Zurück gingen wir nachts. Dumpf und klagend rief irgendein Vogel im Sumpf. Der Mond neigte sich der Erde zu. Sein quecksilbernes Licht drang durch das dichte Laub, wo ein Elch unablässig stöhnte und traurig irgend jemanden rief.
In einem Fenster des Forsthauses brannte Licht: man wartete auf uns. Onkel Ljoscha las am Tisch einen dicken Kalender für 1948, die Nickelbrille auf der Nase. Die jungen Mädchen saßen umschlungen auf der Bank am russischen Ofen und sangen leicht hin und her schwankend:

Knote mir mit deinen Händen
Dieses Tuch zum Abschied zu,
Daß es zeigt mit seinen Enden,
Wie sich nah sind ich und du . . .

In tiefer Nacht wachte ich auf dem Heuboden auf. Der Mond war untergegangen. Durch die Ritzen im Bretterdach leuchteten die Sterne. Fern, gleichsam am Ende der Welt, heulten Wölfe. Schön war es, eingekuschelt ins warme Heu den Geräuschen dieser Nacht zu lauschen und sich dieses Waldgebiet vorzustellen mit seinen dunklen Wegen und dem schnellen und kalten Fluß, wo

am Ufer die Fährleute tief schlafen und nur die Feuerstätten im Nebel schwelen.
Am Morgen brachen wir nach Spas-Klepiki auf. Es war ein stiller, lichter Tag. Der Wald entschwand im zarten Dunst, hüllte sich in einen Abschiedsnebel. Und hoch über uns flog mit ineinander überfließendem Rufen der erste Kranichzug.

1948

Eine Nacht im Oktober

Aus meiner Erfahrung als Schriftsteller weiß ich, daß es sich erheblich besser auf dem Lande arbeiten läßt als in der Stadt. Auf dem Lande trägt alles zur Konzentration bei, sogar das Knistern des Dochts in der kleinen Petroleumlampe und das Rauschen des Windes im Garten, und in den Pausen zwischen diesen Geräuschen ist es jene völlige Stille, wenn es einem so vorkommt, als sei die Erde stehengeblieben und hinge lautlos im Weltenraum.
Darum bin ich im Spätherbst 1945 aufs Land gefahren, um zu arbeiten, in die Gegend von Rjasan. Dort befand sich ein Landsitz mit einem alten Haus und einem ganz verwilderten Garten. Auf dem Anwesen wohnte eine alte Frau, Wassilissa Ionowna, eine ehemalige Bibliothekarin aus Rjasan. Schon früher war ich gelegentlich dorthin zum Arbeiten gefahren. Und immer, wenn ich wieder einmal hinkam, hatte ich bemerkt, wie der Garten mehr verwilderte und das Haus und die Frau darin alterten.
Von Moskau war ich mit dem letzten Dampfer abgefahren. Rostrote Ufer zogen an den Fenstern der Kajüte vorüber. Unablässig liefen graue Wellen von den Schaufelrädern gegen die Ufer. Die ganze Nacht brannte im Salon die Notlampe mit ihrem roten Schein. Mir war ständig so, als sei ich auf dem Dampfer ganz allein, – die Passagiere verließen ihre warmen Kajüten fast nie. Nur ein Pionierhauptmann mit windgebräuntem Gesicht hinkte über das Deck und freute sich über den Blick auf

die Ufer. Diese waren bereit für den Winter: Das Laub war seit langem abgefallen, das Gras in sich zusammengesunken, das Kraut schwarz geworden, und von den Bauernhäusern der Dörfer am Ufer stieg weißer Rauch auf – überall heizte man schon die Öfen. Auch der Fluß war für den Winter bereit. Fast alle Landungsbrücken waren an die Schiffsländen weggeräumt, die Bojen waren entfernt und unser Dampfer konnte nur deshalb nachts fahren, weil über dem Land Nebel lag, grau vom Mondlicht.

Auf dem Dampfer war ich mit dem Pionierhauptmann ins Gespräch gekommen, das war für beide erfreulich. Es stellte sich heraus, daß Hauptmann Sujew auch in Nowosjolki aussteigen wollte und daß er sich, genau wie ich, mit einem Boot zum anderen Ufer der Oka übersetzen lassen mußte, um, genau wie ich, durch die Wiesen in das Dorf Saborje zu gelangen. In Nowosjolki sollte der Dampfer abends ankommen.

»Ich will eigentlich nicht nach Saborje«, sagte der Hauptmann, »sondern weiter zu einer Försterei, doch bis Saborje haben wir gemeinsamen Weg. Ich komme zwar von der Front und habe mancherlei gesehen, doch für einen allein ist es trotzdem langweilig, nachts durch das finstere Gelände dort zu gehen. Vor dem Kriege habe ich als Förster gearbeitet, jetzt bin ich vom Militär entlassen und kehre an die alte Stelle zurück. Eine wunderbare Sache sind diese Wälder! Ich habe Forstwirtschaft studiert. Besuchen Sie mich einmal. Ich werde Ihnen solche Stellen zeigen, daß Sie es nicht fassen können. An der Front habe ich sie fast jede Nacht im Traum gesehen.«

Ein Lachen kam in sein Gesicht und machte es gleich

um ein paar Jahre jünger.

Als der Dampfer am späten Abend in Nowosjolki anlegte, war an der Anlegestelle nur ein alter Wächter mit einer Lampe. Nur wir zwei gingen an Land, Sujew und ich. Kaum waren wir mit unseren Rucksäcken auf die feuchten Planken hinabgesprungen, als der Dampfer schon wieder ablegte und uns in Dampf hüllte. Der Wächter mit der Lampe ging sofort weg, und wir blieben allein.

»Wir wollen nicht hetzen«, sagte Sujew. »Kommen Sie, wir setzen uns ein wenig auf die Balken, stecken uns eine Zigarette an und überlegen, was wir nun tun sollen.«

Aus seiner Stimme und aus der Art, wie er den Geruch des Flußwassers einatmete, sich nach allen Seiten umblickte und auflachte, als der Dampfer hinter einer Biegung kurz die Sirene ertönen ließ und das nächtliche Echo diesen Ton weiter und weiter gab, bis er in den Wäldern jenseits der Oka verhallte, – aus all dem wurde mir deutlich, daß Sujew nur deshalb keine Eile hatte, weil er die ungewöhnliche und ihn selbst erstaunende Freude auskosten wollte, wieder an den vertrauten Orten zu sein, wohin zurückzukehren er nicht mehr gehofft hatte.

Wir rauchten, dann stiegen wir das steile Ufer zum Häuschen des Bojenwärters Sofron hinauf. Ich klopfte ans Fenster. Sofron kam sofort heraus, als hätte er nicht geschlafen, erkannte mich, grüßte und sagte:

»Das Wasser steigt heute. Zwei Meter seit gestern. Es muß oberhalb regnen. Hast du nichts gehört?«

»Nein, keine Ahnung.«

Sofron gähnte.

»Das ist eben so im Herbst. Nun, wollen wir fahren?«
Die Oka kam uns in der Nacht sehr breit vor, erheblich breiter als am Tage. Das Wasser hatte starke Strömung, vom Ufer an. Fische plätscherten. Im trüben Licht der Nacht war zu erkennen, wie die Strudel von den Ruderblättern mit der Strömung fortgezogen wurden, sich ausdehnten und auflösten.
Am anderen Ufer stiegen wir aus. Von den Wiesen zog ein Geruch nach kaltem, modrigem Gras herüber, auch ein süßlicher Geruch nach Weidenblättern. Wir gingen einen kaum erkennbaren Pfad entlang und gerieten auf den Weg von der Heumahd. Es war still. Der Mond sank zur Erde herab – schon schwand sein Licht.
Wir hatten eine Wieseninsel von sechs Kilometer Breite zu überqueren, dann über eine alte Brücke zu gehen, die über das zweite, stille und versumpfte Flußbett der Oka führte. Dahinter, nach einer Sandfläche, lag schon Saborje.
»Da ist es wieder«, sagte der Hauptmann aufgeregt. »Alles erkenne ich wieder. Offenbar habe ich nichts vergessen. Da, die Baumgruppen! Das sind die Weiden an der Prorwa. Richtig? Sehen Sie sie dort? Schauen Sie nur, was für ein Nebel über dem Seljanskoje-See! Man hört keinen einzigen Vogel. Da bin ich natürlich zu spät dran, die Vögel sind schon fortgezogen. Doch die Luft! Herr des Himmels, was für eine Luft! Die hat den ganzen Herbst über den Wiesen gestanden. Nirgendwo habe ich solche Luft geatmet wie in unserer Gegend. Hören Sie? Die Hähne fangen an zu krähen. Das ist in Trebutino. Wie das hallt, Teufelskerle! Das hört man vier Kilometer weit!«

Doch je weiter wir gingen, desto weniger sprachen wir, dann verstummten wir ganz. Eine dämmrige Nacht lag über den Buchten, über den schwarzen Heuschobern, über dem Gebüsch. Das Schweigen dieser Nacht übertrug sich auch auf uns.

Rechter Hand erstreckte sich ein stark bewachsener See. Sein Wasser schimmerte glänzend herüber. Dem hinkenden Sujew fiel das Gehen schwer. Wir ließen uns auf eine vom Wind gefällte Weide nieder, um etwas zu verschnaufen. Ich kannte diese Weide gut – sie lag hier schon einige Jahre und war ganz von niedrigen Heckenrosen überwuchert.

»Ja, das Leben!« brachte Sujew hervor. »Ist schon gut, im großen und ganzen, das Leben. Ich empfinde es nach dem Krieg sehr bewußt. Es mag Ihnen komisch vorkommen oder auch nicht, wie Sie wollen, aber ich bin bereit, mein ganzes Leben lang irgendeine Kiefer großzuziehen. Wirklich! Ist das dumm, was meinen Sie? Oder nicht?«

»Im Gegenteil«, sagte ich, »durchaus nicht dumm. Haben Sie Familie?«

»Nein, ich bin Junggeselle.«

Wir gingen weiter. Der Mond war hinter dem hohen Ufer der Oka untergegangen. Bis zur Morgendämmerung dauerte es noch lang. Im Osten lag eine ebenso dichte Finsternis wie überall. Das Gehen wurde mühsamer.

»Eines verstehe ich nicht«, sagte Sujew. »Warum schickt man die Pferde nicht mehr nachts auf die Weide? Früher ließ man sie bis zum ersten Schnee dort. Aber jetzt ist kein einziges Pferd auf der Weide.«

Mir war das auch aufgefallen, doch hatte ich dem keine

Bedeutung beigemessen. Um uns war eine solche Leere, als ob es auf der Wieseninsel sonst nichts Lebendiges gäbe.

Dann erblickte ich vor uns undeutlich einen breiten Wasserstreifen. Den hatte es früher hier nicht gegeben. Ich schaute näher hin, und mein Herz stockte – sollte das Wasser der Oka so weit über die Ufer des alten Bettes getreten sein?

»Bald kommt die Brücke«, sagte Sujew froh, »und dann ist da auch gleich Saborje. Wir sind sozusagen am Ziel.«

Wir kamen ans Ufer des alten Flußbettes. Der Weg führte direkt ins schwarze Wasser. Es strömte unmittelbar an unseren Füßen vorbei und unterspülte das niedrige Ufer. Bald hier, bald dort hörte man ein lautes Klatschen, da brachen Stücke des unterspülten Ufers ins Wasser.

»Wo ist denn die Brücke?« fragte Sujew aufgeregt.

Die Brücke war nicht da. Entweder hatte es sie weggerissen, oder sie stand bereits anderthalb bis zwei Meter unter Wasser. Sujew holte eine Taschenlampe heraus und leuchtete. Aus den trüben Wellen ragten die Spitzen von Sträuchern hervor und schwankten.

»So ist das also!« sagte Sujew betroffen. »Wir sind abgeschnitten. Vom Wasser. Ich wundere mich die ganze Zeit, daß es in den Wiesen so leer ist. Wir beide sind hier wohl allein. Ja, überlegen wir mal, was wir tun sollen.«

Er schwieg eine Weile.

»Sollen wir rufen?«

Aber Rufen war sinnlos. Bis Saborje war es noch weit. Uns würde ohnehin niemand hören. Außerdem wußte ich, daß es in Saborje kein einziges Boot gab, um uns von der Insel zu holen. Die Fähre zur Insel befand sich erheblich weiter unten, zwei Kilometer entfernt beim Walde von Pustynja.

»Wir werden zur Fähre gehen müssen«, sagte ich.

»Freilich . . .«

»Was, ›freilich‹?«

»Ach nichts. Den Weg kenne ich.«

Ich hatte sagen wollen: »Freilich, wenn die Fähre noch geht.« Doch ich schwieg. Wenn schon niemand auf der Weide ist und das Herbsthochwasser einsetzt, dann hat man natürlich auch den Fährbetrieb eingestellt. Der Fährmann Wassilij, ein vernünftiger Mann, der es mit seiner Arbeit genau nahm, wird nicht mehr da sein. Was sollte er umsonst in seiner Hütte sitzen.

»Na gut!« stimmte Sujew zu. »Gehen wir. Diese verfluchte Nacht, wie finster es geworden ist!«

Er ließ die Taschenlampe wieder aufleuchten und fluchte, das Wasser bedeckte schon die Spitzen der Sträucher.

»Die Sache wird ernst«, brachte Sujew halblaut hervor. »Gehn wir schneller!«

Wir gingen in Richtung Fähre los. Wind kam auf. Langsam und heulend flog er aus der Dunkelheit heran und überzog die Erde mit Graupeln. Immer häufiger hörte man, wie Teile des Ufers absackten. Wir stolperten über Erdklumpen und altes Gras. Der Weg führte durch zwei kleine Schluchten, die immer trocken gewesen waren. Jetzt ging uns beim Durchqueren das Wasser schon bis zum Knie.

»Die Schluchten sind schon unter Wasser«, sagte Sujew. »Wenn das nur gutgeht. Warum das Wasser bloß so

schnell steigt! Unverständlich.«
Selbst während starker Herbstregen war das Wasser nie so rasch gestiegen und hatte die Insel nicht überflutet.
»Bäume gibt es hier auch nicht«, bemerkte Sujew. »Nur Sträucher.« Gegenüber der Fähre war auf der Insel ein viel befahrener Weg. Wir erkannten ihn am Schmutz und am Dunggeruch. Jenseits des alten Flußbettes ließ der Wind den Kiefernwald auf dem hohen Ufer schwerfällig rauschen.
Je länger sich die Nacht hinzog, desto finsterer und kälter wurde es. Das Wasser gurgelte. Sujew leuchtete wieder mit der Taschenlampe. Der Fluß strömte auf gleicher Höhe mit dem Ufer und leckte in schmalen Zungen bereits in die Wiesen hinein.
»Hol über!« rief Sujew und horchte. »Hol über!«
Keine Antwort. Der Wald rauschte. Wir riefen lange, bis wir heiser wurden, doch niemand antwortete. Statt der Schneegraupeln kam jetzt Regen herab. Schwere Tropfen schlugen auf die Erde.
Wir fingen wieder an zu rufen. Als Antwort immer noch nur das gleichgültige Rauschen des Waldes.
»Der Fährmann ist nicht da«, sagte Sujew verärgert. »Klar! Und was, zum Teufel, sollte er hier auch herumsitzen, wenn es die Inseln überschwemmt und keine Menschenseele darauf ist, auch nicht sein kann. Dumm . . . zwei Schritt von zu Hause . . .«
Ich begriff, uns konnte nur noch ein Zufall retten – entweder hörte das Wasser plötzlich auf zu steigen oder wir stießen auf unserem Ufer auf ein verlassenes Boot. Doch am furchtbarsten war, daß wir nicht wußten und uns nicht erklären konnten, warum das Wasser so schnell stieg. Der Gedanke war schrecklich, daß vor

einer Stunde nichts dieses schwarze nächtliche Unheil angedeutet hatte, wir waren selbst hineingelaufen.
»Lassen Sie uns am Ufer entlanggehen«, sagte ich. »Vielleicht stoßen wir auf ein Boot.«
Wir gingen am Ufer entlang und machten dabei Bogen um die überfluteten Niederungen. Sujew leuchtete mit der Taschenlampe, aber ihr Licht wurde immer schwächer. Sujew knipste sie aus, um das letzte bißchen Licht für den Notfall zu sparen.
Ich stieß gegen etwas Dunkles und Weiches. Das war ein kleiner Strohhaufen. Sujew zündete ein Streichholz an und hielt es an das Stroh. Es loderte in einer purpurnen, düsteren Flamme auf. Das Feuer beleuchtete das trübe Wasser und die Wiesen vor uns, die, soweit das Auge sehen konnte, überschwemmt waren, ja sogar den Kiefernwald auf dem gegenüberliegenden Ufer. Der Wald wogte und rauschte teilnahmslos.
Wir standen vor dem brennenden Strohhaufen und blickten ins Feuer. Verschiedene Gedanken kamen zusammenhanglos in den Kopf. Zuerst tat es mir leid, daß ich im Leben auch nicht den zehnten Teil dessen getan hatte, was ich hatte tun wollen. Dann dachte ich, wie dumm es war, durch eigene Fahrlässigkeit umzukommen, wo das Leben noch so viele solcher trüber und herbstlicher, so doch zugleich frischer und liebenswerter Tage versprach, an denen der erste Schnee noch nicht gefallen ist, aber alles schon nach diesem Schnee riecht – die Luft, das Wasser, die Bäume und sogar die Kohlblätter.
Wahrscheinlich dachte Sujew etwa dasselbe. Langsam zog er aus der Manteltasche eine zerdrückte Packung Zigaretten und hielt sie mir hin. Wir zündeten die

Zigaretten am verglimmenden Stroh an.
»Gleich ist das Feuer aus«, sagte Sujew leise. »Unter den Füßen haben wir schon Wasser.«
Doch ich gab keine Antwort. Ich horchte. Durch das Rauschen des Waldes und das Plätschern des Wassers drangen stoßweise schwache Schläge. Sie näherten sich. Ich wandte mich zum Fluß und rief: »He! Heda! Boot! Hierher!«
Sogleich antwortete vom Fluß her eine knabenhafte Stimme: »Ich ko-o-mme!«
Sujew zerrte schnell das Stroh etwas auseinander. Eine Flamme züngelte auf. In die Schwärze stoben Funkenschwärme. Sujew überkam ein leises Lachen.
»Ruder!« sagte er. »Ruderschläge! Kann man denn für nichts und wieder nichts in seiner Heimat umkommen!«
Dieser Antwortruf »Ich komme« regte mich besonders auf. Ich komme zu Hilfe! Ich komme durch die Finsternis zum verglimmenden Licht des Feuers. Dieser Ruf ließ in meinem Gedächtnis die alten Gepflogenheiten der Brüderlichkeit und der Hilfsbereitschaft auferstehen, die in unserem Volke nie aussterben.
»He, geht zum Sandufer! Weiter unten!« rief die helle Stimme vom Fluß, und mir wurde auf einmal klar, daß da eine Frau rief.
Wir traten rasch ans Ufer. Das Boot schoß plötzlich aus der Dunkelheit ins schwache Licht des Feuers und setzte mit dem Bug auf den Sand.
»Halt, noch nicht einsteigen! Ich muß erst Wasser ausschöpfen«, sagte dieselbe Frauenstimme.
Eine Frau sprang ans Ufer und zog das Boot etwas hoch. Ihr Gesicht war nicht zu sehen. Sie trug eine

ten sich zögernd und sagten: »Guten Tag!« und setzten sich schnell ins Gras, um die Fische nicht zu vertreiben.
»Na?« flüsterte der Ältere. »Beißen sie?«
»Gelegentlich.«
Die Jungen sahen einander an, verharrten schweigend, während der ältere den jüngeren in die Seite stupste und dann der jüngere entsprechend den älteren. Eine Weile saßen die Jungen unbeweglich da, dann stupsten sie wieder einander.
»Wo kommt ihr denn her?«
»Von den Aussiedlerhöfen.«
»Von was für Aussiedlerhöfen?«
»Von Shukowskije. Das ist im Wald. Vier Kilometer von Onkel Ljoscha entfernt.«
»Wie viele Aussiedlerhöfe sind denn das?«
»Zwei Höfe.«
»Und wohin wollt Ihr?«
»Na zu Ihnen.«
»Wieso zu uns?«
Die Jungen prusteten los, blickten sich an und stupsten einander wieder.
»Sag du es«, brachte der ältere heiser hervor.
»Nein, du. Du bist älter. Ich bin noch klein.«
»Wieso zu uns?« fragte ich wieder.
»Wir bringen dir einen Brief.«
Die Sache wurde immer geheimnisvoller.
»Von wem?«
»Vom Jäger. Er ist auch aus Moskau. Der lebt bei uns im Aussiedlerhof.«
Der ältere Junge holte unter dem Hemd einen Zettel hervor und streckte ihn mir hin. Auf dem Zettel stand

gesteppte Wattejacke und Stiefel. Ihr Kopf war in ein warmes Tuch gehüllt.
»Wie hat es Sie nur hierher verschlagen?« fragte die Frau streng, ohne uns anzusehen, und begann, Wasser aus dem Boot zu schöpfen.
Schweigend und gleichsam teilnahmslos hörte sie sich unseren Bericht an, dann sagte sie ebenso streng:
»Wieso hat Ihnen denn der Bojenwärter nichts gesagt? Heute nacht sind die Schleusen am Fluß geöffnet worden. Vor dem Winter. Gegen Morgen steht die ganze Insel unter Wasser.«
»Und was hatten Sie, unsere Retterin, jetzt nachts im Walde zu tun?« fragte Sujew scherzend.
»Ich war auf dem Weg zur Arbeit«, sagte die Frau unwillig. »Von Pustynja nach Saborje. Da sehe ich auf der Insel ein Feuer. Also Menschen. Da war mir alles klar. Der Fährmann aber ist schon den zweiten Tag nicht da, hat keinen Dienst. Wozu auch. Mit Müh und Not fand ich die Ruder. Unterm Heu, in der Hütte.«
Ich setzte mich auf die Ruderbank. Ich ruderte mit aller Kraft, doch schien mir das Boot nicht nur an der Stelle zu bleiben, sondern auf irgendeinen schwarzen breiten Wasserfall hin abzutreiben, zu dem das trübe Wasser und die Finsternis und diese ganze Nacht hinabschossen.
Endlich legten wir an, sprangen auf den Sand, gingen zum Wald hinauf und machten erst dort Halt, um zu rauchen. Im Wald war es windstill, warm und roch nach Moder. Gleichmäßig und erhaben rauschten über uns die Wipfel. Nur dies Rauschen erinnerte an die unwirkliche Nacht und die eben überstandene Gefahr. Doch jetzt kam mir die Nacht wunderbar und herrlich vor.

Und freundlich und bekannt schien mir das Gesicht der jungen Frau zu sein, als beim Anzünden der Zigaretten das Licht des Streichholzes sie einen Augenblick beleuchtete. Ihre grauen Augen blickten uns verlegen an. Nasse Haarsträhnen drangen unter dem Kopftuch hervor.

»Dascha, das bist du doch?« fragte Sujew plötzlich sehr leise.

»Ja, Iwan Matwejewitsch«, sagte die Frau mit einem zarten Lachen, als freue sie sich über etwas, das nur ihr allein bekannt war. »Ich habe Sie gleich erkannt. Ich habe es mir nur nicht anmerken lassen. Was haben wir auf Sie nach dem Sieg gewartet! Wir konnten nicht glauben, daß Sie nicht heimkehren würden.«

»Ja, so etwas gibt es!« sagte Sujew. »Vier Jahre war ich im Felde, manchmal hat mich der Tod so fest gepackt, daß ich keine Luft mehr bekam. Aber nun hat mich die Dascha vorm Tode gerettet. Meine Gehilfin«, sagte er zu mir. »Sie hat in der Försterei gearbeitet. Mancherlei, was man vom Walde wissen muß, habe ich ihr beigebracht. Sie war ein schwächliches Mädchen, wie ein Hälmchen. Da schauen Sie sie jetzt an, wie sie sich gestreckt hat. Richtig schön ist sie geworden! Und streng, ziemlich hart.«

»Ach Sie! Ich bin nicht hart«, widersprach Dascha. »Ich muß mich erst wieder gewöhnen. Und Sie, gehen Sie zu Wassilissa Ionowna?« fragte mich Dascha unvermutet, anscheinend, um das Thema zu wechseln.

Ich bestätigte, ja, zu Wassilissa Ionowna, und bat Dascha und Sujew mitzukommen. Wir mußten uns aufwärmen, die Sachen trocknen und uns in dem warmen alten Haus etwas ausruhen.

Wassilissa Ionowna wunderte sich über unser nächtliches Erscheinen keineswegs. In ihrem Alter hatte sie sich daran gewöhnt, sich über nichts mehr zu wundern, und alles, was auch immer geschehen mochte, legte sie auf ihre Weise aus. Und jetzt, nachdem sie die Geschichte von unserem Mißgeschick angehört hatte, sagte sie:

»Groß ist der Gott der russischen Erde. Aber von dem Sofron habe ich schon immer gesagt, daß er ein Trottel ist. Ich wundere mich, daß Sie als Schriftsteller das nicht gleich gemerkt haben! Sie sind also auch etwas blind für Menschen. Nun, aber für dich«, sagte sie zu Dascha gewandt, »da bin ich froh. Nun hat endlich dein Warten auf Iwan Matwejewitsch ein Ende.«

Dascha wurde rot, sprang von ihrem Platz auf, ergriff einen leeren Eimer und lief in den Garten, wobei sie vergaß, die Tür hinter sich zuzumachen.

»Wohin?« Wassilissa Ionowna war ganz aufgeregt.

»Wasser holen ... für den Samowar!« rief Dascha von draußen.

»Ich verstehe die heutigen Mädchen nicht«, sagte Wassilissa Ionowna ohne zu beachten, daß Sujew mit seinem Streichholz nicht zurechtkam, um sich eine Zigarette anzuzünden. »Sag nur ein Wort, gleich flammen sie wie ein Feuer auf. Ein wunderbares Mädchen! Ich kann sagen, sie ist meine ganze Freude.«

»Ja«, stimmte Sujew zu, der endlich mit dem Streichholz zu Rande gekommen war. »Ein prächtiges Mädchen.«

Natürlich ließ Dascha den Eimer in den Brunnen fallen. Doch ich wußte, wie man Eimer aus diesem Brunnen herausbekam. Ich holte ihn mit einer Stange. Dascha half mir. Ihre Hände waren eiskalt vor Erregung und sie wiederholte immer wieder:

»Die ist vielleicht komisch, diese Wassilissa Ionowna! Die ist komisch!«

Der Wind hatte die Wolken auseinandergetrieben, und über dem schwarzen Garten glitzerte schon der Sternenhimmel, plötzlich leuchtete er auf, dann wurde er ebenso plötzlich wieder blaß. Ich bekam den Eimer heraus. Dascha trank gleich aus dem Eimer – ihre feuchten Zähne glänzten in der Dunkelheit – und sagte:

»Ach, wie soll ich denn jetzt ins Haus zurückgehen, ich weiß es wirklich nicht.«

»Lassen Sie, kommen Sie mit.«

Wir kehrten ins Haus zurück. Dort brannten schon die Lampen, auf dem Tisch lag ein frisches Tischtuch, und von der Wand blickte aus seinem schwarzen Rahmen gelassen Turgenjew. Es war ein seltenes Porträt, ein Stahlstich, mit sehr feiner Nadel gestochen – Wassilissa Ionownas ganzer Stolz.

1946

Die Windrose

Schon den zweiten Tag standen die Wolken über dem Meer wie ein riesiger ausgebreiteter Fächer da, und fern am Horizont, von wo aus sie sich zum Zenit streckten, funkelte ein ungewöhnliches weißes Licht.

Nastja blickte von der Veranda des Ferienheims lange auf dieses Licht. Sie tat es mit zusammengekniffenen Augen, wobei sie sich mit ihren zarten Fingern die Haare zusammenhielt – an ihnen zauste die ganze Zeit der Wind.

Nastja wußte nicht, was das für ein Licht war – ein Widerschein des von der Sonne beschienenen Meeres oder vielleicht ein Leuchten des Himmels selbst. Sie konnte sich nicht entschließen, die Feriengäste danach zu fragen. Sie hatte schon lange bemerkt, daß sie sie für dumm hielten.

Je angespannter Nastja auf das weiße Licht am Horizont blickte, desto rätselhafter kam es ihr vor. Es zog sie dorthin in die weite Ferne, wo über dem Meer ein zitternder bläulicher Dunst lag. Der Tag schien ihr so hoch, als ob der Himmel bis in die tiefsten Tiefen aufgerissen sei und sich in Strömen des Lichts ständig dorthin ergösse, in jene Ferne, von wo aus die Wolken über dem Meer auseinanderzogen.

Vielleicht sah man auch am Horizont das blendend helle Ufer eines noch unbekannten Landes? Es müßte doch auf der Erde solche Länder geben? Oder nicht? Länder, die, wie es in den Büchern heißt, noch nie ein menschlicher Fuß betreten hatte. Wie schön müßte es sein, am

Morgen vom Schiff auf das Ufer eines solches Landes zu treten, auf den von der Brandung ausgewaschenen Sand, sich umzublicken und auf die eigenen Spuren zu schauen. In jeder birgt sich noch ein kühler Schatten – ein Rest der Nacht.

Dann aber höher zu steigen und zu erblicken ... Was zu erblicken? Wälder auf steilen Felshängen, von wo sich das Wasser in Kaskaden herabstürzt, schäumend und Kiesel mit sich reißend. Die große Sonne zu erblikken, den Kopf zurückzulehnen und langgedehnt zu rufen, mit aller jugendlichen Kraft. Zu rufen und zu horchen, wie das Echo auf den ersten menschlichen Schrei antwortet.

Nastja war so in Gedanken versunken, daß sie nicht bemerkt hatte, wie der Lyriker Sokolowskij auf die Veranda gekommen war. Die Feriengäste brüsteten sich vor den Bewohnern der anderen Häuser damit, daß Sokolowskij bei ihnen wohnte. Nastja aber fürchtete sich lange vor ihm. Hätte sie ihn auf der Straße getroffen, so wäre sie nie auf den Gedanken gekommen, es handele sich um einen Dichter. Sie meinte, jeder Dichter müsse auch im Äußeren etwas haben, was ihn von anderen Menschen unterscheidet – Puschkin die Negerlippen, Lermontow die düsteren Augen, Majakowskij die Donnerstimme.

Nichts dergleichen hatte Sokolowskij. Er war ein untersetzter Mann von schwer zu bestimmendem Alter mit einem länglichen Gesicht und großen Händen. Jeden Abend begab er sich, von Verehrern umringt, in ein kleines Restaurant und machte die ganze Zeit scharfe Bemerkungen. Er nannte Nastja ein »Naturkind«, schaute aber wohlwollend zu ihr.

Er gab ihr einen kleinen Band seiner Gedichte zu lesen. Auf den blauen Umschlag waren zerzauste Garben gezeichnet. Dann folgten Gedichte über den Krieg, über Freundinnen und über die Stadt, wo der Dichter »das Dröhnen des Jahrhunderts vernimmt und in seinem Herzen den Krieg trägt«.
Nastja gefielen die Gedichte nicht, aber Sokolowskij sagte sie davon nichts. Sie gab ihm das Buch mit Dank zurück, er aber nahm Nastjas Hände in die seinen, blickte sie mit seinen gelblichen Augen an und fragte:
»Aphrodite, mein Kind, warum verbergen Sie sich vor uns allen?«
Nastja zog die Hand zurück, errötete und antwortete nichts.
»Seien Sie nicht böse«, sagte Sokolowskij besänftigend. »Die Gesellschaft ist hier natürlich miserabel. Doch Sie gefallen mir. Und was geht uns beide diese Gesellschaft an!«
Mit diesen herablassenden Worten stellte er Nastja gleichsam auf eine Stufe mit sich, dem anerkannten Dichter. Nastja errötete noch stärker.
Nach diesem Gespräch änderte Sokolowskij sein Verhalten zu Nastja – er sprach liebenswürdig mit ihr, machte viele Witze und ließ sich häufig irgendeine Überraschung einfallen, um Nastja eine Freude zu machen. So lenkte er ihre Aufmerksamkeit auf einen Stein am Ufer, und als Nastja ihn hochhob, entdeckte sie unter dem Stein ein in Silberpapier gewickeltes Stückchen Konfekt. So stand vor Nastjas Gedeck in einem Glas eine zitronenfarbene krause Chrysantheme, während bei den anderen Frauen keine Chrysanthemen standen, sondern nur Pfefferstreuer mit der Aufschrift

»Zur Erinnerung an Sotschi«.
Die Frauen gingen finster wie Schlechtwetterwolken einher, und sobald Nastja unter ihnen auftauchte, wechselten sie Blicke und verstummten. Sie versammelten sich in abgelegenen Zimmern – alle in bunten Pyjamas, wie die tropischen Vögel mit ihren schrillen Stimmen – und empörten sich über Sokolowskijs schlechten Geschmack. Wie konnte man die kultivierten Damen gegen dieses naive Mädchen eintauschen, das nicht einmal einwandfrei sprechen konnte. Gegen eine Studentin einer pädagogischen Fachschule eintauschen, die nicht einmal wußte, wer Hemingway ist! Unbegreiflich, wie sie in dieses Erholungsheim geraten war! Wenn sie wenigstens eine Schönheit wäre, dann könnte man Sokolowskij noch begreifen. Doch so – was hatte er nur an ihr gefunden?
Insgeheim aber beneideten die Frauen Nastja – um ihre schweren blonden Zöpfe, die kupfern glänzten, um ihre großen Augen und vor allem um ihre langen schwarzen Wimpern. Es war einfach unglaublich, daß diese Wimpern echt und nicht angeklebt waren.
Nastja bemerkte das alles und verzweifelte. Was kann ich denn dafür, dachte sie, daß mein Vater ein einfacher Bauer war und meine Mutter sich bis heute mit ihren Hühnern und dem Gemüsegarten abgibt. Was wollen die denn von mir, diese eingebildeten Puten!
Sokolowskij fragte Nastja gern nach ihrem Heimatdorf, und sie erzählte ihm bereitwillig davon, wurde ganz rot dabei:
»Unser Dorf streckt sich ganz weit aus, liegt über einer Schlucht. Im Frühling aber, wenn die Akazien anfangen zu blühen, dann sieht das so aus, als ob in allen Gärten

Milch schäumt. Mutters Hütte ist zwar klein, aber sauber und weiß, und unser Ofen ist ganz mit Blumen bemalt – mit Malven und Tagetes. Sehr schön ist es bei uns. Kommen Sie doch mal in diesem Sommer zu uns. Mama wird sich freuen! Ich habe so eine gute Mama, sie lacht immer.«

»Eine gute? So wie Sie?« fragte Sokolowskij.

»Ja«, stimmte Nastja vertrauensvoll zu. »Ich bin ihr ähnlich.«

»Sagen Sie mir ehrlich«, sagte Sokolowskij, ergriff Nastjas Hände und betrachtete prüfend ihre langen, schmalen Finger. »Ihre Mutter hat wohl mit einem Zugereisten gesündigt, mit einem jungen schönen Mann? Wieso sind Sie so?«

»Was reden Sie da!« rief Nastja erschrocken aus. »Schämen Sie sich!«

Abends ging Sokolowskij oft mit Nastja aus dem Erholungsheim in die kleine Stadt in der Nähe. Nastja gewann die Chaussee am Meer lieb, auf der wie von Federn die Schatten der Eukalyptusblätter lagen, auch die steilen Berge und die krüppeligen Wälder, die bis zu den Wurzeln von der in das rauschende Meer sinkenden Sonne durchstrahlt und durchwärmt waren, auch den bitteren Geruch der Lorbeeren und sogar den Duft des leichten lila Rotweins, zu dem Sokolowskij sie einmal in ein kleines, aus Brettern gezimmertes Restaurant eingeladen hatte.

Der Wirt des Restaurants – mit schwarzen Haaren und hervorstehenden Augen – wischte den Tisch mit einem Handtuch ab, das vom Wein feucht war, und zwinkerte Sokolowskij zu. Dann stellte er eine Flasche Wein auf den Tisch.

Sokolowskij trank schweigend, Glas um Glas, als habe er beschlossen, die Flasche möglichst schnell zu leeren. Nastja trank nur ein Glas und sagte plötzlich:

»Ihre Gedichte taugen nichts. Sie sind sehr schlecht. Lesen Sie mir etwas Gutes vor.«

Kaum waren die Worte heraus, da erschrak sie. Ohne den Wein und die fröhliche Leichtigkeit im Kopf hätte sie das natürlich nicht gesagt. Aber Sokolowskij nahm es nicht übel. Er verzog das Gesicht zu einem Lächeln und sagte mit einem Blick auf das Meer, wo am Ufer Tauchenten schwammen:

»Ich verzeihe Ihnen. Alles. Was soll ich Ihnen vorlesen?«

»Darf es Puschkin sein?« fragte Nastja unentschlossen. »Doch bitte lesen Sie langsam.«

»Nun gut!« seufzte Sokolowskij und begann leise gerade jene Worte Puschkins zu sprechen, die Nastja hatte hören wollen, und als sie sie hörte, da schrak sie zusammen und erstarrte.

»Aus Sehnsucht nach der Heimat Ufer
Verließest du das ferne Land . . .«

Nastja blickte Sokolowskij an und erkannte ihn nicht wieder. Er saß nach vorne geneigt da und las leise, doch verständlich, gleichsam nur für sich selbst.

Er ist also gut, dachte Nastja. Ja natürlich, gut.

»Doch wo des Himmels blauer Bogen
In vollem Glanz auf uns erstrahlt«,

zitierte Sokolowskij weiter, und Nastja fühlte, wie sich ihr die Kehle zuschnürte. Sie wußte, hinter diesen feierlichen Worten stand der Tod, der sich weder der Liebe des Dichters erbarmte, noch seines Schmerzes, noch der heiteren Schönheit der liebenden Frau. Und da kamen sie, diese Worte:

> »Wo unter Felsen Wasser träumen,
> Da nahm dich hin der letzte Schlaf . . .«

Eine Träne rann über Nastjas Wange und fiel in das Glas, in dem noch ein Rest Wein war. Als Sokolowskij das Gedicht zu Ende gesprochen hatte und den Kopf hob, weinte Nastja bereits, ohne ihre Tränen zu verbergen. Sokolowskij verzog beim Blick auf Nastja das Gesicht, nahm ihre Hand und küßte sie. Nastja kamen die Tränen noch stärker, noch bitterer.

»Ja«, sagte Sokolowskij leise. »Ein Titan! Aber bei mir reicht es nicht so weit.«

Als sie dann in das Erholungsheim zurückkehrten, wurde Nastja auf einer kleinen Brücke über einem rauschenden Bach schwindlig. Plötzlich begannen die Sterne zu schwanken und fielen ins Meer. Sokolowskij fing Nastja auf und setzte sie auf einen warmen Stein am Wege.

»Wie dumm!« sagte Nastja leise. »Das kommt vom Wein. Ich habe zwei Jahre keinen getrunken.«

Auf der Chaussee jagte ein Auto vorbei. Das Licht der Scheinwerfer traf Nastja ins Gesicht. Dieses verrinnende Licht ließ Sokolowskij ihr Gesicht mit den geschlossenen Augen so schön erscheinen, daß er Nastja um die Schultern griff und lange auf die zitternden Lippen küßte. Nastja riß sich los, sprang auf, setzte sich aber gleich wieder auf den Stein und sagte:

»Wozu? Das ist doch furchtbar!«

Nastja war noch verwirrt, als sie in ihr Zimmer zurückgekehrt war, und konnte die ganze Nacht nicht einschlafen. Ein paarmal schlich sie sich auf die Veranda und blickte lange auf das Meer hinaus, als ob es jene beruhigenden Worte sprechen könne, die diesen ersten Kuß und diese körperliche Nähe rechtfertigen und die Bitternis von ihrer Seele wegspülen könnten. Doch in dieser Bitternis blitzte bald hier, bald dort, wie ein listiges Tierchen, eine unverständliche Freude auf.

Das Meer lag im Dunkel, und sein unaufhörliches Rauschen war wie immer ungerührt durch alles Menschliche, als wiederholten die Wellen ständig ein und dasselbe: Schlaf ein, schlaf ein, schlaf ein . . .

Das Meer konnte Nastja nicht helfen. Vielleicht konnte ihr nur ein Mensch helfen: ein grauhaariger Schriftsteller mit einem hageren Gesicht. Nastja hatte ihn einmal am Hafen gesehen und wußte, daß er in einem luftigen weißen, von Zypressen umgebenen Sanatorium lebte.

Was würde er ihr sagen? »Mein Kind«, würde er sicher sagen, »Angst hast du vor der Liebe gehabt, aber nun hat sie dich gepackt. Wenn das eine Freude ist, dann hüte sie, wie eine Mutter ihr Kind hütet. Aber wenn es ein Kreuz ist, dann wirst du es lange tragen, vielleicht dein ganzes Leben lang. Und nie wird dir der Gedanke kommen, ob der Mann, den du liebst, deiner Liebe wert ist oder nicht. Wie ein Sandkorn die Meereswelle nicht aufhalten kann, so kannst du dein schlichtes und treues Herz nicht aufhalten. Und wenn es einmal so ist – so liebe!«

Und Nastja liebte. Das war für sie schön und sehr schrecklich zugleich, denn ein paarmal am Tage wechselte Nastja von Verzweiflung zu Ruhe und dann wieder zu Verzweiflung. Sie konnte sich das schwer erklären, aber irgendwie kam ihr alles, was mit ihr geschah, zwar gut, doch sehr zerbrechlich vor.

Mein Glück ist in seinen Händen, dachte Nastja. Doch was geschieht, wenn er plötzlich losläßt, es fallen läßt und es zerbricht?
Auch schämte sie sich vor den anderen Gästen, als hätte sie ihnen etwas weggenommen, das allen gehörte und nicht nur ihr allein – das würden sie ihr nie verzeihen.
Und gerade jetzt, als Sokolowskij auf die Veranda herauskam und hinter Nastja stehenblieb, dachte sie, daß Liebe noch nicht das ganze Glück sei. Für das ganze Glück brauchte man noch sehr viel: Fröhlichkeit, dieses Meer und diese rosa Wolken . . . alles, alles brauchte man.
»Eine Windrose«, sagte Sokolowskij unerwartet hinter Nastjas Rücken.
Nastja drehte sich um. »Was?« fragte sie.
»Da, das, was am Himmel geschieht«, erklärte Sokolowskij ruhig, »nennt man eine Windrose. Die Wolken ziehen von einem Punkt aus in alle Richtungen. Dort, wo dieser helle Punkt liegt, entsteht der Wind, und er bläst gleichmäßig in alle Himmelsrichtungen.«
»Eine Windrose«, wiederholte Nastja und lächelte. »Woher wissen Sie das alles?«
Sokolowskij gab keine Antwort.
»Je mehr man weiß, desto interessanter ist es zu leben«, bemerkte Nastja.
Das Licht am Horizont verfloß zu einem breiten silbernen See. Es glänzte und wuchs, näherte sich dem Ufer.
»Nastja«, sagte nach großem Schweigen Sokolowskij. »Ich habe heute ein Telegramm bekommen. Aus Moskau. Morgen fahre ich ab.«
Nastja blickte sich nicht um. Sie umklammerte mit

ihren Fingern das noch regennasse Geländer der Veranda.
»Ja, und?« fragte sie kaum hörbar.
»Lassen Sie uns darüber sprechen«, schlug Sokolowskij unsicher vor. »Wie wird es in Moskau werden?«
Nastja schwieg lange.
»Überhaupt nicht!« antwortete sie schließlich und wandte sich Sokolowskij mit einem Lächeln zu, wie ein Erwachsener ein Kind lächelnd anschaut. »Keine Angst, in Moskau werde ich Sie nicht sehen, Ihnen nicht schreiben, nicht anrufen, nichts dergleichen! Gott befohlen. Ich habe längst alles begriffen. Bin Ihnen kein bißchen böse. Machen Sie sich Ihr Leben, wie Sie wollen.«
»Nastja!« sagte Sokolowskij mit gedämpfter tragischer Stimme.
»Was denn? Was Nastja? Ich habe längst angefangen, alles zu begreifen. Erinnern Sie sich, wie Sie einmal sagten, das Wichtigste im Leben sei Ruhe und ein leichtes Glück. Und sei es für zwei Wochen. Ich hätte für Sie gern mein ganzes Leben zerbrochen, aber Sie dürfen das nicht. Sie haben eine Familie und eine Stellung in der Gesellschaft. Und außerdem sind Sie noch müde. Es ist schwierig für Sie, ein anderes Leben zu beginnen. Ich erinnere mich an alles, was Sie mir gesagt haben. Fahren Sie ruhig ab. Durch mich werden Sie keinerlei Unannehmlichkeiten haben.«
Sokolowskij ergriff Nastjas Hände, begann sie zu küssen und brachte leise und hastig hervor:
»Aber wir sehen uns doch noch? Nicht wahr, wir sehen uns noch?«
»Wenn Sie es wollen, dann werden wir uns sehen«,

antwortete Nastja ruhig. Sie zog die Hände vorsichtig zurück, hob Sokolowskijs Kopf am Kinn hoch, blickte ihm in die verwirrten Augen, gab ihm einen Kuß auf die Stirn und sagte ganz leise:

»Sie sind ein schwacher Mensch. Aber lieb. Wie meine Großmutter immer sagte, so sage ich Ihnen jetzt: Gott wird Ihnen vergeben.«

»Ja, aber, verachten Sie mich denn?« fragte Sokolowskij erstaunt.

»Ja«, sagte Nastja. »Und ich liebe Sie. Über all dies werden wir uns nicht mehr unterhalten.«

Nastja verließ die Veranda und ging langsam zum Meer. Sokolowskij blickte ihr nach. Kein einziges Mal sah sie sich um.

Ich tauge nichts, dachte Sokolowskij. Bei diesem Gedanken wurde ihm gleich leicht ums Herz. Diese Vorstellung enthob ihn gleichsam aller Verpflichtungen, Zweifel und der Notwendigkeit zu Entscheidungen, enthob ihn all dessen, was mit Nastja verbunden war.

Sokolowskij seufzte, holte sich eine Zigarette heraus, ließ sich auf einem Korbsessel nieder, rauchte und wiederholte, den starken Tabak genießend, für sich:

Ich tauge nichts, mag dem so sein! Doch das war das letzte Mal in meinem Leben.

Besonders erleichterte es ihn, daß nur ein einziger Mensch hier wußte, wie feige er sich gezeigt hatte, und daß dieser zu keinem darüber sprechen würde. Nichts würde sich ändern. Wie immer würden die Verehrerinnen sich zu ihm hingezogen fühlen wie die Vögel zum Leuchtturmfeuer, mit dem üblichen Entzücken würden sie seine Witze anhören und stolz auf ihre Bekanntschaft mit einem bekannten Dichter sein.

Nastja ging langsam den Strand entlang, wo die Brandung sich brach. Die Wellen spülten Mandarinenschalen und braune Magnolienblätter auf den Sand und schwemmten sie wieder fort. Ein magerer Junge angelte Fische. Man kannte ihn am Ufer unter dem Namen »Kapitän Tolja«. In den Taschen seiner grünen Hose und unter seiner zerrissenen Strickjacke schleppte er viele interessante Sachen mit sich herum: eine Schleuder, Angelhaken, Nüsse, eine Büchse mit Würmern und getrocknete Krebsscheren.
Nastja ging zu Tolja und setzte sich auf einen warmen Stein. Eine Welle schob sich bis an ihre Füße heran, besann sich aber und floß vorsichtig zurück, dabei zog sie den Schaum mit.
»Nun, wie geht's, Tolja?« fragte Nastja und lächelte schmerzlich.
Tolja warf einen Blick auf sie und wandte sich ab.
»Wie soll's schon gehen?« antwortete er unzufrieden.
»Die anderen Jungen haben mir heute früh die Grundeln weggeangelt! Ich bin zu spät dran. Habe noch nichts.«
Er riß heftig an der Angel und zog sie aus dem Wasser. Daran baumelte, an einem großen rostigen Haken, eine kleine Grundel, sie sah aus wie ein Blutegel. Tolja spuckte aus.
»Verflucht!« sagte er ärgerlich. »Was die an der Angel will!«
Plötzlich ließ Tolja die Angel fallen und lief am Ufer entlang, wobei er im Laufen die Schleuder aus der Tasche holte.
»Eine Tauchente!« rief er außer sich Nastja zu.
Die Tauchente schaukelte nah am Ufer auf den Wellen.

Sie drehte den Kopf und blickte unruhig auf Tolja. Tolja schoß fast ohne zu zielen mit der Schleuder. Der Stein klatschte neben der Ente ins Wasser. Die Tauchente verschwand sofort. Sie tauchte so weit entfernt auf, daß man sie mit der Schleuder nicht mehr treffen konnte. Tolja blickte die Schleuder erstaunt an, als hätte er die Ente nur deshalb nicht getroffen, weil an der Schleuder etwas nicht in Ordnung war. Dann schwang er mit großer Geste die Angel über seinem Kopf und warf sie so weit es ging ins Meer hinaus. Er sagte zu Nastja:
»Ich werde die Grundeln noch fangen. Kommen Sie nur heute abend zu uns. Meine Mama brät sie so gut wie kein anderer.«
»Wer ist denn deine Mama?«
»Die Putzfrau in Ihrem Haus. Kennen Sie die Pascha? Das ist sie.«
»Natürlich kenne ich sie«, antwortete Nastja und wurde rot. Einmal, als sie abends mit Sokolowskij auf der Veranda gesessen und er sie geküßt hatte, war Pascha hereingekommen. Sie wurde verlegen, irrte auf der Veranda herum und tat so, als suche sie etwas. Sokolowskij hatte sie mit unbeweglichen bösen Augen angesehen.
»Gut, ich komme«, stimmte Nastja zu. »Aber wo wohnst du denn?«
»Das finden Sie bestimmt nicht. Ich hole Sie ab. Vor dem Abendbrot.«
Nastja stand auf und ging zum Erholungsheim. Die Sonne tauchte schon ins Meer, und die Wolken schaukelten in goldenen Bahnen auf den flachen Wellen. Quer durch diese goldenen Bahnen fuhr ein großer Dampfer und zog einen Rauchstreifen hinter dem Heck her.

Nastja blieb oft stehen und war mit ihren Gedanken die ganze Zeit bei Sokolowskij. Was für ein schwacher, unglücklicher Mensch! Vielleicht kam die Schwäche und der Wunsch, ganz anders zu scheinen als er selbst war, nur daher, daß ihn niemand richtig geliebt hatte. Niemand brauchte ihn, und es tat keinem im Inneren weh, wenn er etwas Dummes machte, sich irrte, log oder litt. Es ist nicht meine Aufgabe, ihn zu richten, dachte Nastja. Er ist ein Dichter. Vielleicht brauchen die Dichter wirklich immer wieder etwas Neues – Menschen, unerwartete Begegnungen, Liebschaften. Sonst überkommt sie die Langeweile, und sie hören auf zu schreiben.

Als es dunkel geworden war und der erste Stern am Himmel aufblitzte – einsam und hell, jener Stern, um den es Nastja aus irgendeinem Grund immer leid tat, als ob dieser Stern eine von ihr getrennte Freundin sei –, da ging Nastja in den Park und kam eine dunkle Allee entlang.

Auf einer Bank neben einer alten Platane saß Sokolowskij, neben ihm eine füllige Frau mit runden stechenden Augen und mit einer Zigarette im Mundwinkel. Im Erholungsheim nannten alle sie Ljussja. Sie tätschelte Sokolowskij mit ihren schwammigen Fingern, deren Nägel Blutrot lackiert waren, die Hand und sagte:

»Diese Liebschaft, Petja, ist unter Ihrem Niveau. Sie naiver Mensch! Glauben Sie denn wirklich, daß keiner das bemerkt? Jeder Ihrer Schritte wird beobachtet. Was haben Sie denn Ungewöhnliches an ihr gefunden? Ein Dichter – mit Talent und Bildung, und neben ihm so ein Dummchen. Sie haben keine Achtung vor sich selbst, Petja. So geht es nicht, mein Lieber.«

»Danke, Ljussenka«, antwortete ihr Sokolowskij, und in dem Bewußtsein, sie horche, und das sei scheußlich und übel, zog sich Nastja ganz zusammen. »Danke für die Offenheit. Ich weiß das alles recht gut. Nastja interessiert mich nur als literarische Gestalt. Mehr nicht! Außerdem, Sie verstehen doch selbst, daß ich Erschütterungen brauche. Ohne sie kann ich nicht schreiben. Und eigentlich liegt das alles schon hinter mir. Ich habe dieses Thema völlig ausgeschöpft.«

»Das heißt«, sagte Ljussja kokett und tätschelte Sokolowskij immer noch mit ihren Fingern die Hand, »wir werden bald eine Verserzählung lesen und in ihr unser Dummerchen Nastja erkennen?«

Nastja wandte sich ab und lief schnell in ihr Zimmer. Ihr Gesicht brannte. Sie preßte die Handflächen an die Wangen. Sogleich stürzten Tränen aus den Augen. Sie setzte sich auf die Ecke des Sofas in ihrem Zimmer und blieb dort unbeweglich, die Beine angezogen, sie hatte Angst sich zu rühren. Sie wußte, sie brauchte nur eine Bewegung zu machen oder die zusammengepreßten Hände zu lösen, und schon würde sie losschreien, denn alles in ihr war wund von einem dumpfen Schmerz. Nastja schwankte leicht von diesem Schmerz, hatte den Mund ein wenig geöffnet und blickte mit erstaunten Augen auf einen Punkt. Es kam ihr so vor, als ob sie ein fremder Mensch ständig mit derselben hartnäckigen Gleichmäßigkeit frage, mit der ihre kleine Ader an der Schläfe pochte:

»Was ist denn das? Was ist denn das? Sag doch!«

Dann fiel es Nastja ein, daß jeden Augenblick jemand ins Zimmer kommen und zum Abendbrot rufen konnte. Sie mußte möglichst rasch fortgehen. Nastja

sprang hoch, machte die Tür auf und stieß einen leisen Schrei aus. An der Tür im Korridor stand Tolja. Er hielt die zerrissene Mütze in der Hand.
»Ich warte schon lange«, sagte er geheimnisvoll, »ob Sie nicht herauskommen. Mama hat die Grundeln schon in der Pfanne, mit Backpflaumen.«
»Dann wollen wir aber gehen!« sagte Nastja schnell und legte ihre Hand auf Toljas Schulter, sie war mager, ganz warm, das Schlüsselbein trat hervor.
Tolja führte Nastja in einen großen Mandarinengarten. Das mit Brettern verkleidete Haus mit einer Terrasse, in dem Pascha wohnte, stand tief hinten im Garten. Man mußte auf einem schmalen Pfad, der mit großen Kieseln bestreut war, durch den Garten gehen; man mußte sich tief ducken – die Zweige der Mandarinenbäume bogen sich bis zur Erde. Es ging sich nicht gut, weil ein kleiner zottiger schwarzer Hund ihr um die Beine wuselte und ständig versuchte, Nastja die Hand zu lecken.
»Gehen Sie nur hinein!« rief Pascha aus einem Dickicht, wo ein Herd knisterte. Von dort roch es nach süßlichem Rauch. Pascha heizte ihn mit Zypressenspänen.
Nastja trat in das Zimmer ein, blickte sich um und atmete auf. Wie schön!
»Woher habt ihr das alles?« fragte sie Tolja.
»Hier hat vor uns ein alter Mann gelebt, ein Marinekapitän. Ganz allein. Das hat er hinterlassen. Er ist im Winter gestorben, denn da hat es die ganze Zeit nur geregnet, und er war schon so schwach. Da ist sein Foto, auf der Kommode – in voller Marineuniform.«
Nastja schaute sich das Foto des alten Mannes in voller Marineuniform nicht an. Sie blickte auf ein Bild an der Wand und nahm Toljas letzte Worte nicht auf. Es

schien ihr, als ob sie das schon vor langer Zeit gesehen habe, was da auf dem Bild dargestellt war, sich aber durchaus nicht erinnern könne, wo und wann. Offenbar im Traum.

Eine bläuliche Dämmerung breitete sich über dem Meer aus, über der trüben, stillen Wasserfläche, in der Ferne aber, am Ufer eines unbekannten Landes, brannten gelbe Hafenlaternen. Ihr Licht spiegelte sich in langen Säulen im Wasser. Am Himmel, der wie Nebel aussah, glitzerte ein einziger furchtbar weit entfernter Stern, ein trauriger Stern, Gefährte der Schiffe. Was ist da am Ufer? dachte Nastja. Wohl ein Hafen, und da sitzen Mädchen in Kleidern ebenso licht wie diese nördliche Nacht, glückliche Mädchen, die denen, die sie lieben, vertrauen. Und Stille. Stille über tausend und abertausend Meilen. Nur ab und an plätschert verträumt eine Welle an den Sandstrand und wird, vom eigenen Plätschern erschreckt, wieder ganz still.

»Gefällt es Ihnen?« fragte Pascha. Sie kam in das Zimmer mit dem gebratenen Fisch in der Pfanne. Das hat uns Jewgenij Maximowitsch vererbt. Die Bilder, die Bücher, die Landkarten und alle diese Instrumente von der Seefahrt.«

»Tante Pascha«, sagte Nastja, »mir bleiben nur noch ein paar Tage im Erholungsheim. Darf ich nicht zu Ihnen umziehen? Ich will drüben nicht bleiben.«

»Das läßt sich einrichten«, antwortete Pascha, wischte sich die Hände an der Schürze ab, ging zu Nastja hin und strich ihr über die Haare. »Das läßt sich einrichten, meine Liebe, mein schönes Mädchen.«

Nastja hob ihren Kopf zu Pascha, ihre Augen waren voller Tränen.

»Sie brauchen mir nichts zu erzählen«, sagte Pascha. »Ich sehe es selbst. Nehmen Sie Platz, greifen Sie zu. Ich laufe gleich hinüber, packe Ihre Sachen und bringe sie hierher. Nur, schreiben Sie dem Direktor eine Notiz.«
Nastja schrieb zwei: eine an den Direktor und eine an Sokolowskij.

»Ich habe nicht die Absicht«, schrieb sie an Sokolowskij, »bei Ihren lyrischen Übungen als Versuchskaninchen zu dienen. Ich glaube, Sie haben auch in diesem Punkt die Unwahrheit gesagt, weil ich Sie durchaus nicht als literarische Figur interessiert habe, sondern einfach als Frau. Wer hat Ihnen das Recht gegeben, mit solchen Dingen wie Liebe zu spielen? Ihr Talent? Davon haben Sie doch nur ein Gramm. Wenn es auch mehr wäre, so wäre das gleichgültig – ein Talent ist geschaffen, um den Menschen Freude zu bereiten, und nicht die Menschen sind geschaffen, damit dieses Talent wuchert wie ein Giftpilz. Ein echter Mensch muß in allem echt sein: in den Versen, im Leben und in jeder Kleinigkeit. Sie aber sind kein echter. Auch Ihre Verse sind Lug und Trug. Sie haben sich mit ihnen aufgeputzt wie mit einem schönen Anzug, um sich vor den Leuten aufzuspielen. Das ist alles, was Ihnen so ein kleines dummes Mädchen wie ich sagen kann. Leben Sie wohl.«

Nach einer Stunde brachte Pascha mit Nastjas Koffer auch einen großen Umschlag von Sokolowskij. Als Nastja ihn öffnete, fielen die zerrissenen und zerknüllten Seiten jenes Lyrikbandes heraus, den Sokolowskij Nastja zu lesen gegeben hatte. Zusammen mit den

zerrissenen Seiten fiel auch eine Notiz auf die Erde. Sokolowskij hatte geschrieben: »Sie haben recht. Ich habe die Gedichte zerrissen.«
»Auch das ist nicht echt!« sagte Nastja, sammelte alle Papierfetzen in den Umschlag, legte auch Sokolowskijs Notiz dazu, ging in den Garten und warf den Umschlag ins Feuer.
Tante Pascha war zum Nachtdienst ins Erholungsheim gegangen. Tolja schlief zusammengerollt wie eine Brezel auf einer Truhe. Nastja zog sich aus, setzte sich auf das Bett und ging ihren Gedanken nach. Lange schaute sie das Bild mit dem Meer in der Dämmerung und mit den Hafenfeuern an, dann entdeckte sie daneben eine alte Seekarte. Nastja zog ihre Hausschuhe an und trat zu der Karte. Da mündeten irgendwelche blauen Flüsse in einen grünen Ozean, Leuchttürme waren mit feinen Kreisen umgeben. In der Ecke der Karte erblickte Nastja einen mit Tusche gezeichneten Stern und darüber die Aufschrift »Windrose«. Die Strahlen des Sterns waren verschieden lang, und Nastja betrachtete das Bild des Sternes lange, um es zu begreifen. Dann kam ihr aufgrund der Bezeichnungen »Nord«, »Ost«, »Süd« und »West« der Gedanke, daß jeder Strahl dieses Sterns über die Stärke und Richtung der Winde Auskunft gebe, die an den auf der Karte eingezeichneten Ufern wehen. Der längste Strahl wies nach Süden, und das bedeutete, daß an diesem Ufer am häufigsten Südwind weht. Nastja erinnerte sich an alles, was Sokolowskij ihr über die Windrose gesagt hatte und fand keine Worte. Auch hier hatte er ohne die geringste Ahnung gelogen, um auf sie Eindruck zu machen und sich aufzuspielen.

»Das verzeihe ich niemals«, sagte Nastja, »niemals! Nicht einmal vor dem Tode.«
Sie legte sich ins Bett, deckte sich zu, zog ihre Knie an, sie waren eiskalt. Lange konnte Nastja nicht warm werden und nicht einschlafen. Leise durchweinte sie die ganze Nacht.
Am Morgen, als ein Sonnenstrahl eine orangefarbene Dattelpflaume traf, die an der Wand hing, stand Nastja auf, zog sich an und ging zum Meer. Es rauschte und trug aus seinen unendlichen Weiten warme Luft ans Ufer.
Nastja warf die Kleider ab und ging ins Wasser. Sie legte sich auf den Rücken, schloß die Augen halb, und da drehten sich auf ihren Wimpern in winzig kleinen Wassertröpfchen Wellen von Licht und Glanz. Nastja strahlte!
»Das Meer!« flüsterte sie und ließ zärtlich das warme Wasser zwischen ihren Fingern hindurchgleiten.
Sie atmete entspannt und tief und dachte, daß das nun alles vorüber sei und sie, Nastja, nun ein festeres Verhältnis zum Leben bekommen habe. Das Meer aber rauscht ringsum und weiß gar nichts davon, daß ihm die große Kraft gegeben ist, von der menschlichen Seele Schmutz und Kummer abzuwaschen.

1947

Begegnung mit Paris

Fast einem jeden gebildeten Menschen, dem es nicht an Einbildungskraft mangelt, hält das Leben eine Begegnung mit Paris bereit. Manchmal findet diese Begegnung statt, manchmal nicht. Alles hängt davon ab, wie es einem sich fügt. Aber selbst, wenn es nicht zu der Begegnung kommt, und wenn ein Mensch, ohne Paris gesehen zu haben, stirbt, ist er sicher in seiner Vorstellung oder in seinen Träumen mehrfach dort gewesen.
In jungen Jahren hat man bei uns noch zu wenig Wissen und Vergleichsmöglichkeiten, um die Macht von Paris über unsere Herzen voll zu empfinden. Aber in reifem Alter erblüht es uns in voller Kraft aus den im Laufe vieler Jahre angesammelten Kenntnissen, aus der Liebe zu seinen Straßen, zu seinem Himmel, aus den im eigenen Herzen durchlebten Romanen von Flaubert und Maupassant, aus den Revolutionen, den Bitternissen und Siegen.
Erst in reifem Alter ist der Mensch fähig, solch verschiedene Dinge zu etwas Ganzem zu einen und sie in ihrer verbindenden Schönheit zu empfinden: die trockenen lilafarbenen Blätter der Platanen und die feuchten Lippen eines jungen Mädchens, das sich auf einer Bank des Bois de Boulogne küssen läßt; den Triumphzug der Wolken über dem Invalidendom, über der Gruft Napoleons und dem runden Saal des Louvre, wo der Körper der Venus von Milo gleichsam aus dunklen Perlen gegossen steht und wo ohne jeden ersichtlichen Grund den Menschen unfreiwillig Tränen in die Augen treten;

den Geruch nach Staub, Tabak und Puder auf den Boulevards; die knarrenden Treppen zu den Mansarden (die Stufen sind bei diesen Treppen vom jahrhundertelangen Schleifen der Schuhsohlen abgewetzt wie alte Küchenmesser); den Rauch der Bahnhöfe – Gare St-Lazare, Gare du Nord, Gare d'Orléans; das Pfeifen der fröhlichen Taxifahrer, der ausgelassenen und höflichen Schulkinder in Hosenträgern; die Orangeade, aus der es wie mit kleinen Pomeranzennadeln in die Augen schießt; die ungelüftete mittelalterliche Dunkelheit von Notre-Dame; die koketten Nönnchen, die Messingkruzifixe verkaufen; die riesigen Blumenkörbe (in ihnen heben sich die Blumen wie der Teig beim Aufgehen und quellen über auf das Straßenpflaster); die Nächte in den galoppierenden Feuern von »Moulin Rouge« und »Folies Bergère«.

Ungewöhnlich ist das Leuchten des Himmels über dem Friedhof Père Lachaise! Meine Großmutter, eine fromme, etwas romantische Katholikin, besuchte gern Friedhöfe in verschiedenen Städten und erzählte später davon. Von ihr hörte ich zum erstenmal etwas über »Le Mur des Fédérés« auf dem Friedhof Père Lachaise. Damals war ich noch ein Kind. Aber jetzt betrachtete ich lange mit ehrfürchtiger Scheu die jahrhundertealten Spuren der Kugeln an den Steinen.

Das rächende Knattern der Schüsse schien hier undenkbar in der erhabenen Nekropolis Frankreichs, wo ein besonders frisches und besonders warmes Gras wächst. Dieses Gras hat sogar etwas Feierliches an sich. Aber die Rache hat stattgefunden und hat an den Mauern ihre unvergeßliche, klare Handschrift hinterlassen.

Montmartre. Hinter seinen Mauern blüht lange der

staubige Flieder nicht auf. Er wartet auf Regen. Abends brennen an den Staffeln Signallämpchen. Sie warnen die Betrunkenen vor der Nähe der gefährlichen, steilen Treppen.

Die Trunkenheit hat auch hier ihre Schützer und ihre Poesie: Wie sollte man einem Menschen nicht helfen, wenn wirr seine Gedanken schwanken wie Fischerbarken auf einem See.

In Paris verfolgt einen die Wiederbegegnung mit seit der Kindheit vertrauten Ereignissen und geliebten Namen, wie Guy de Maupassant, Stendhal, Corot, Jaurès oder François Villon, Herriot oder Balzac, Jules Verne oder Romain Rolland.

Die Umgebung von Paris, vor allem an den Ufern der Seine, ist ein Kranz aus den Namen von Malern. Der Fluß badet das Gras im strömenden Wasser. Das Wasser in der Seine und die Luft darüber verfließen in weichen Farben.

Vor hundert Jahren haben die Impressionisten zum erstenmal diese Farben in ihrer ganzen Reinheit auf die Leinwand übertragen. Einige Bilder der Impressionisten haben gleichsam Menschen gemalt, die in das Innere eines gläsernen, von der Sonne durchleuchteten Prismas geschlossen sind. Der Regenbogen der Farben schafft eine voll reale Welt. Doch sie ist feierlich und von allem warmen Abglanz französischer Sommer durchwärmt.

Die Impressionisten – anfangs bettelarme und verspottete Künstler – zeigten sich in Wirklichkeit als wie Fürsten großzügig Schenkende. Sie veranstalteten ein Festmahl der Farben für alle und jeden, wenn er nur nicht blind war. Sie forderten keinen Dank dafür, daß

sie die Welt so sahen, wie sie ist – in ihrer ganzen Herrlichkeit.
Alle diese Gedanken ergriffen mich nach der Abreise aus Paris, als unser Schiff das graue Wasser des Ärmelkanals aufwirbelte.
In Paris waren diese Gedanken natürlich existent, aber nur in der Tiefe meines Bewußtseins. Ich hatte einfach keine Zeit, bei ihnen zu verweilen. Ich lebte, schaute, hörte, ging bis zur Erschöpfung durch die Straßen und Parks und schlief in den Nächten nicht.

Auszug. 1959

Nachwort
Paustowskijs Erzählungen vom Leben

Konstantin Paustowskij hat seine Autobiographie *Erzählung vom Leben* genannt. Er ist ein in besonderer Weise dem irdischen Leben zugewandter russischer Schriftsteller: er will mit seinem Schreiben auf alles Beachtenswerte hinweisen, was dem üblichen raschen Blick des Menschen entgeht, will ihn innehalten lassen. Ob er die Schönheit der Natur in Sprache gestaltet, ob er seelische Regungen im Menschen andeutet, ob er das Schicksalhafte menschlicher Begegnungen hervorhebt – immer liegt ein sorgsames Beobachten des Lebens zugrunde.

Sehen ist eine Kunst hat er einmal einen Essay überschrieben, und in der hier abgedruckten lyrischen Prosa *Gelbes Licht* betont er, man solle sich bei allem, was man sieht, bemühen, es so aufzunehmen, als sähe man es zum ersten Mal. Er weiß um die Kraft des ersten Eindrucks und um die Notwendigkeit der Schulung des Bewußtseins, um die Gefahr der Abstumpfung. Nach dem Lesen Paustowskijs nimmt man Natur intensiver wahr. Es gibt keinen zweiten russischen Schriftsteller, der so oft, so vielfältig und so überzeugend Gerüche dargestellt hat. Bei jedem guten Dichter finden wir Gedichte oder Prosapassagen, die dem Phänomen der Stille gelten – Stille, die an dem gemessen wird, was noch leise hörbar ist oder nicht mehr wahrgenommen wird, Schweigen, das uns Verinnerlichung lehrt. Paustowskij gelingt immer wieder das Paradox, Schweigen

hörbar zu machen. Es sind die zarten Saiten des Lebens, die seine Prosa erklingen läßt.
In Deutschland wurde Paustowskij ab 1960 bekannt. Von da an erschienen die Bände seiner Autobiographie und einige Sammlungen mit Erzählungen. In der Sowjetunion war sein Name nur wenige Jahre vorher berühmt geworden – teils durch seine Prosa, teils durch seinen mutigen Einsatz für Aufrichtigkeit und Freiheit in der Literatur. Der am 31. 5. 1892 in Moskau geborene Schriftsteller war in Kiew aufgewachsen, hatte im Ersten Weltkrieg als Sanitäter gedient und sich dann als Journalist in Odessa, ab 1923 in Moskau durchgeschlagen und war in der Zeit der »Tatsachenliteratur« durch dem »sozialistischen Aufbau« gewidmete publizistisch-dichterische Prosa bekannt geworden. Warnend erhob er 1936 die Stimme gegen die Vereinheitlichung der Literatur und das Aufzwingen von Themen, wie es dem Geist des nun obligatorischen »sozialistischen Realismus« entsprach. Er selbst zog sich auf Naturschilderungen und Künstlerporträts zurück, lebte auch jedes Jahr einige Zeit im mittelrussischen Waldgebiet der Meschtschora. Im Zweiten Weltkrieg, als er für einen Einsatz an der Front schon zu alt war, beschrieb er Szenen aus dem Hinterland, die das erhöht bewußte Menschsein in der Zeit der Gefahr zum Gegenstand haben. Auch in den Jahren der stärksten Herabwürdigung der sowjetischen Literatur zu einem reinen Propagandainstrument von 1946-1953, als sein Name kaum noch genannt werden durfte, blieb er aufrecht. Er spricht zwar in *Forsthaus 273* einmal, wie es der Zensor der Realität zum Trotz forderte, von einem reichen und üppigen Kolchos, aber er gestaltet die Perspektive so, daß das

ganze wie ein »Zauberreich« wirkt, märchenhaft, und sich mehr auf die Schönheit der Wälder als einen vorzutäuschenden Wohlstand bezieht. Das wenige, was er damals veröffentlichte, war für die Russen Trost in der grauen Einheitsliteratur.

In der Zeit der Entstalinisierung war Paustowskij einer der ersten, die sich für die Reinheit der Sprache und für die Besinnung auf die künstlerische Form in der Literatur einsetzten. Andere schilderten nun die Wahrheit (wenigstens auszugsweise) über das Leben in der Stalinzeit, gestalteten Probleme, die vorher hatten verschwiegen werden müssen. Paustowskijs Talent ist anderer Natur. Er wandte sich dem 1946 abgebrochenen Projekt der Lebenserinnerungen wieder zu und erfuhr durch die neue Freiheit wie viele andere russische Schriftsteller einen erstaunlichen Impuls. Sein politisches Verdienst liegt in der Herausgabe der beiden durch ihre Liberalität berühmt gewordenen Almanache »Literaturnaja Moskwa« (Das Literarische Moskau) 1956 und »Tarusskije stranizy« (Blätter aus Tarussa) 1961. Dort gab er auch manchem Schriftsteller, der aus Lager oder Verbannung zurückgekehrt war, erste Gelegenheit zur Publikation, dort veröffentlichte er Werke von Autoren, die unter Stalin ums Leben gekommen waren. Paustowskij hat große Verdienste um die Rückführung bedeutender Dichter in die russische Literatur, er setzte sich aber auch in Versammlungen mutig für jene Schriftsteller ein, die aufrichtig schrieben wie Jaschin und Dudinzew.

Zu seinem 75. Geburtstag 1967 hielt ihm der große Meister der intellektuell strukturierten, spannenden Prosa Weniamin Kawerin die Festrede. Drei Ströme der

modernen russischen Literatur unterschied er: den philosophisch-realistischen, an dessen Spitze Alexander Solschenizyn stehe, den grotesk-dramatischen mit Michail Bulgakow als wichtigster Gestalt und den romantisch-naturverbundenen, dessen bedeutendster und einflußreichster Vertreter Konstantin Paustowskij sei. Begeisterte Zustimmung der mehreren Hundert anwesenden Mitglieder des Schriftstellerverbandes zu dieser Bewertung machte deutlich, daß sie der ungedruckten allgemeinen Meinung der russischen Intelligenz entsprach. Diese Stellung hat sich bis zu Paustowskijs Tod am 14. 7. 1968 nicht gewandelt.
Paustowskij ist ein Dichter der kleinen Prosaform. Kurze, bis ins letzte durchgefeilte Prosa, die sprachliche Knappheit und Dichte mit wenig Handlung verbindet – das ist sein Beitrag zur Weltliteratur. Wie Tschechow konnte Paustowskij keine Romane schreiben. Wenn seine große Prosa *Die Erzählung vom Leben* auch sechs Bände umfaßt, so besteht sie doch eigentlich aus vielen einzelnen Episoden, die so selbständig sind, daß sie wie die obige *Jenseits des trüben San* abgeschlossenen Erzählungen entsprechen. Auch manche Erzählungen können so locker gebaut sein, daß sich wie aus *Forsthaus 273* einzelne Teile herauslösen ließen. Die obige Prosa *Begegnung mit Paris* ist ein solcher Auszug aus etwas Längerem. Weder im Sinne von Tolstoj, dem episch breit Erzählenden, noch von Dostojewskij, dem spannend religiöse und psychologische Probleme Entwickelnden, konnte Paustowskij lange Prosawerke schaffen. Tolstoj war er in seinem Verhältnis zum Leben nahe. Der die Abgründe der menschlichen Seele zergliedernde Dostojewskij, der Gegner der Naturschil-

derung in der Prosa, stand ihm sehr fern. Paustowskij glaubte an das Gute im Menschen, er spürte es im Alltag auf und gestaltete es in über sich hinausweisenden Situationen.

Schreiben war für Paustowskij ein innerer Zwang. Seine außergewöhnliche Empfindsamkeit für seelische Regungen und seine hohe, selbst geschulte Beobachtungsgabe, verbunden mit einem starken Gedächtnis, ließen ihn wie einen Stausee mit Erlebnissen vollaufen (der Vergleich stammt von ihm selbst) und ihn dann das Wahrgenommene behutsam schildern.

Bestimmte Situationen haben Paustowskij immer wieder zur Darstellung veranlaßt. Schon die vorliegende Auswahl enthält einige Varianten des Motivs der menschlichen Begegnung und des Abschieds. In einer Vornotiz zu *Schnee* heißt es: »Hunderte von Wegen kreuzen sich, und zufällig treffen sich Menschen, ohne zu wissen, daß ihr ganzes früheres Leben eine Vorbereitung für diese Begegnung war. Wahrscheinlichkeitstheorie – anwendbar auf menschliche Herzen. Für die Dummen ist alles einfach.« Das schicksalhafte Zusammentreffen einer Frau und eines Mannes verbindet *Schnee*, *Die Brise* und *Morgengrauen im Regen.* In irgendeiner Form spielen menschliche Begegnungen fast in jede Erzählung hinein. Nirgendwo außer in *Schnee* hat Paustowskij eine solche Begegnung so kunstvoll und behutsam durch Einbeziehung vieler Details vorbereitet. Paustowskij gestaltet keine gelebte Liebe, er spürt die ersten Regungen auf und deutet diese zart an, als ob Leser und beteiligte fiktionale Figuren gleichermaßen erst ahnten, daß die beiden einander finden könnten. Auch in *Eine Nacht im Oktober* hat Paustowskij am

Schluß dieses Motiv einbezogen. Das Schicksalhafte, das hinter den Begegnungen steht und sie in profaner Weise mit *Der alte Nachen* verbindet, spüren wir auch in *Das Telegramm* bei der versäumten Begegnung zwischen der sterbenden Mutter und ihrer Tochter.

In *Das Telegramm* ist die Grenze zwischen dem Motiv des Abschieds und dem der (Nicht-)Begegnung fließend. Vielfältig hat Paustowskij Abschiede dargestellt – jede der erwähnten Begegnungen enthält auch eine Abschiedsszene; in anderer Prosa sind wir Zeugen des Abschieds einer Mutter vom Sohn, der zur Hinrichtung geht, der Tochter vom Vater, der sich zum Sterben legt, oder der Erinnerungen des Autors, als er das letzte Mal seinem Vater gegenüberstand. Die Wehmut des Abschieds klingt auch aus den naturverbundenen Prosastücken wie *Gelbes Licht* und *Forsthaus 273*, sie ermöglichte das komprimierte Liebeslied auf Paris, das nach Paustowskijs erstem Auslandsaufenthalt, der ihm mit 64 Jahren genehmigt worden war, entstand.

Innerhalb der seinem Talent gegebenen Ausdrucksweise zeigt Paustowskij große Vielfalt. In *Das Telegramm* heben sich zwei Handlungslinien deutlich voneinander ab, in Erzählungen wie *Morgengrauen im Regen* ist ein zweites Geschehen durch Rückgrifftechnik einbezogen, oft wie in *Der alte Nachen* schreitet die Handlung nur chronologisch und gemächlich voran. Während Erzählungen wie *Der alte Mann im Bahnhofsrestaurant*, *Schnee* und *Die Brise* auf eine eindeutige, sogar ein wenig spannende Fabel konzentriert sind, zeigen *Forsthaus 273* und *Gelbes Licht* Paustowskijs Begabung und Vorliebe für ein ursprüngliches, gleichsam an kein Konzept und keinen Inhalt gebundenes Erzählen. Solche

Erzählungen könnten immer weiter gehen und haben ihren Reiz im wellenförmigen Wechsel des Rhythmus, in der Anschaulichkeit und Tiefe der jeweiligen Phase. Dialoge sind selten, sie vermitteln kaum einen notwendigen Inhalt, sie ergänzen nur das einzelne Menschenbild. Es überwiegt ein ursprüngliches, berichtendes und beschreibendes Erzählen.

Die moderne russische Prosa ist häufig eine ethische Prosa. Der Appell an Aufrichtigkeit und Gewissen, wie er nach 1953 der verlogenen Literatur der Stalinzeit entgegengesetzt wurde, fand gültigen Ausdruck bei Solschenizyn oder Tendrjakow, auch bei Maximow oder Trifonow. Im Vergleich mit deren Prosa ist die Paustowskijs eher zeitlos, fand ihre Nachfolger bei Jurij Kasakow oder Jurij Nagibin. Erst in den letzten Lebensjahren Paustowskijs begann auch unter russischen Autoren eine Lösung vom realistischen Schreiben, ein Anknüpfen an literarische Experimente der 20er Jahre. Paustowskijs Schaffen blieb davon unberührt.

Paustowskij ist eher Impressionist. Er beobachtet und hält das Beobachtete mit sparsamen Strichen fest. Er deutet an und zwingt den Leser zum ruhigen, konzentrierten Nachvollziehen. So kommt es, daß seine Prosa lange im Leser nachschwingt.

Er hat oft das Ideal erreicht, das er von lyrischer Prosa forderte: »Je durchsichtiger die Luft, desto klarer ist das Sonnenlicht. Je durchsichtiger die Prosa, desto vollendeter ist ihre Schönheit, und desto stärker hallt sie im menschlichen Herzen wider.«

W.K.

Bibliothek Suhrkamp

Verzeichnis der letzten Nummern

778 H. P. Lovecraft, Der Schatten aus der Zeit
779 Ernst Penzoldt, Die Leute aus der Mohrenapotheke
780 Georges Perec, W oder die Kindheitserinnerung
781 Clarice Lispector, Die Nachahmung der Rose
782 Natalia Ginzburg, Die Stimmen des Abends
783 Victor Segalen, René Leys
785 Uwe Johnson, Skizze eines Verunglückten
786 Nicolás Guillén, Ausgewählte Gedichte
787 Alain Robbe-Grillet, Djinn
788 Thomas Bernhard, Wittgensteins Neffe
789 Vladimir Nabokov, Professor Pnin
790 Jorge Luis Borges, Ausgewählte Essays
791 Rainer Maria Rilke, Das Florenzer Tagebuch
792 Emmanuel Bove, Armand
793 Bohumil Hrabal, Bambini di Praga
794 Ingeborg Bachmann, Der Fall Franza/Requiem für Fanny Goldmann
795 Stig Dagerman, Gebranntes Kind
796 Generation von 27, Gedichte
797 Peter Weiss, Fluchtpunkt
798 Pierre Loti, Aziyadeh
799 E. M. Cioran, Gevierteilt
800 Samuel Beckett, Gesellschaft
801 Ossip Mandelstam, Die Reise nach Armenien
802 René Daumal, Der Analog
803 Friedrich Dürrenmatt, Monstervortrag
804 Alberto Savinio, Unsere Seele / Signor Münster
805 Henry de Montherlant, Die Junggesellen über Gerechtigkeit und Recht
806 Ricarda Huch, Lebenslauf des Heiligen Wonnebald Pück
807 Samuel Beckett, Drei Gelegenheitsstücke
808 Juan Carlos Onetti, So traurig wie sie
809 Heinrich Böll, Wo warst du, Adam?
810 Guido Ceronetti, Das Schweigen des Körpers
811 Katherine Mansfield, Meistererzählungen
812 Hans Mayer, Ein Denkmal für Johannes Brahms
813 Ogai Mori, Vita sexualis
814 Benito Pérez Galdós, Miau
815 Gertrud Kolmar, Gedichte
816 Rosario Castellanos, Die neun Wächter
817 Bohumil Hrabal, Schöntrauer
818 Thomas Bernhard, Der Schein trügt
819 Martin Walser, Ein fliehendes Pferd
820 Gustav Januš, Gedichte
821 Bernard von Brentano, Die ewigen Gefühle
822 Franz Hessel, Der Kramladen des Glücks

823 Salvatore Satta, Der Tag des Gerichts
824 Marie Luise Kaschnitz, Liebe beginnt
825 John Steinbeck, Die Perle
826 Clarice Lispector, Der Apfel im Dunkel
827 Bohumil Hrabal, Harlekins Millionen
828 Hans-Georg Gadamer, Lob der Theorie
829 Manuel Rojas, Der Sohn des Diebes
830 Jacques Stéphen Alexis, Der verzauberte Leutnant
831 Gershom Scholem, Judaica 4
832 Elio Vittorini, Erica und ihre Geschwister
833 Oscar Wilde, De Profundis
834 Peter Handke, Wunschloses Unglück
835 Ossip Mandelstam, Schwarzerde
836 Mircea Eliade, Dayan / Im Schatten einer Lilie
837 Angus Wilson, Späte Entdeckungen
838 Robert Walser, Seeland
839 Hermann Hesse, Sinclairs Notizbuch
840 Luigi Malerba, Tagebuch eines Träumers
841 Ivan Bunin, Mitjas Liebe
842 Jürgen Becker, Erzählen bis Ostende
843 Odysseas Elytis, Neue Gedichte
844 Robert Walser, Die Gedichte
845 Paul Nizon, Das Jahr der Liebe
846 Félix Vallotton, Das mörderische Leben
847 Clarice Lispector, Nahe dem wilden Herzen
849 Ludwig Hohl, Daß fast alles anders ist
850 Jorge Amado, Die Abenteuer des Kapitäns Vasco Moscoso
851 Hermann Lenz, Der Letzte
852 Marie Luise Kaschnitz, Elissa
853 Jorge Amado, Die drei Tode des Jochen Wasserbrüller
854 Rudyard Kipling, Das Dschungelbuch
855 Alexander Moritz Frey, Solneman der Unsichtbare
856 Kobo Abe, Die Frau in den Dünen
857 Thomas Bernhard, Beton
858 Felisberto Hernández, Die Hortensien
860 Jurij Trifonow, Zeit und Ort
861 Shen Congwen, Die Grenzstadt
862 Ogai Mori, Die Wildgans
863 Karl Krolow, Im Gehen
865 Gertrud von le Fort, Die Tochter Farinatas
866 Joachim Maass, Die unwiederbringliche Zeit
867 Stanisław Lem, Die Geschichte von den drei geschichten-erzählenden Maschinen des Königs Genius
868 Peter Huchel, Margarethe Minde
869 Hermann Hesse, Steppenwolf mit 15 Aquarellen von Gunter Böhmer
870 Thomas Bernhard, Der Theatermacher

871 Hans Magnus Enzensberger, Der Menschenfreund
872 Emmanuel Bove, Bécon-les-Bruyères
873 Max Frisch, Biografie: Ein Spiel, Neue Fassung 1984
874 Anderson/Stein, Briefwechsel
875 Rafael Sánchez Ferlosio, Abenteuer und Wanderungen des Alfanhui
876 Walter Benjamin, Sonette
877 Franz Hessel, Pariser Romanze
878 Danilo Kiš, Garten, Asche
879 Hugo von Hofmannsthal, Lucidor
880 Adolf Muschg, Leib und Leben
881 Horacio Quiroga, Geschichten von Liebe, Irrsinn und Tod
882 Max Frisch, Blaubart
883 Mircea Eliade, Nächte in Serampore
884 Clarice Lispector, Die Sternstunde
885 Konrad Weiß, Die Löwin
886 Tania Blixen, Moderne Ehe
887 Jean Grenier, Die Inseln
888 Thomas Bernhard, Ritter, Dene, Voss
889 Max Jacob, Höllenvisionen
890 Rudyard Kipling, Kim
891 Peter Huchel, Die neunte Stunde
892 Scholem-Alejchem, Schir-ha-Schirim
893 Ferreira Gullar, Schmutziges Gedicht
894 Martin, Kessel, Die Schwester des Don Quijote
895 Raymund Queneau, Mein Freund Pierrot
898 E. M. Cioran, Widersprüchliche Konturen
899 Thomas Bernhard, Der Untergeher
900 Martin Walser, Gesammelte Geschichten
901 Leonora Carrington, Das Hörrohr
902 Henri Michaux, Ein gewisser Plum
903 Walker Percy, Der Kinogeher
904 Julien Gracq, Die engen Wasser
906 Richard Weiner, Spiel im Ernst
907 Gertrude Stein, Jedermanns Autobiographie
909 Marie Luise Kaschnitz, Menschen und Dinge 1945
910 Thomas Bernhard, Einfach kompliziert
911 Alexander Kluge, Lebensläufe
912 Michel Butor, Bildnis des Künstlers als junger Affe
914 Wolfgang Koeppen, Der Tod in Rom
915 Catherine Colomb, Das Spiel der Erinnerung
916 Bohumil Hrabal, Sanfte Barbaren
917 Tania Blixen, Ehrengard
918 Bernard Shaw, Frau Warrens Beruf
919 Mercè Rodoreda, Der Fluß und das Boot
920 Adolf Muschg, Dreizehn Briefe Mijnheers
922 Anatolij Kim, Der Lotos

923 Friederike Mayröcker, Reise durch die Nacht
924 Stig Dagerman, Deutscher Herbst
926 Wolfgang Koeppen, Tauben im Gras/Das Treibhaus/
Der Tod in Rom
927 Thomas Bernhard, Holzfällen
928 Danilo Kiš, Ein Grabmal für Boris Dawidowitsch
929 Janet Frame, Auf dem Maniototo
930 Peter Handke, Gedicht an die Dauer
931 Alain Robbe-Grillet, Der Augenzeuge
933 Paul Celan, Gedichte 1938-1944
934 Leonid Leonow, Evgenia Ivanovna
935 Marguerite Duras, Liebe
936 Hans Erich Nossack, Das Mal und andere Erzählungen
937 Raymond Queneau, Die Haut der Träume – »Fern von Rueil«
939 Franz Hessel, Alter Mann
940 Bernard Shaw, Candida
941 Marina Zwetajewa, Mutter und die Musik
942 Jürg Federspiel, Die Ballade von der Typhoid Mary
943 August Strindberg, Der romantische Küster auf Rånö
945 Hans Mayer, Versuche über Schiller
946 Martin Walser, Meßmers Gedanken
947 Ödön von Horváth, Jugend ohne Gott
948 E. M. Cioran, Der zersplitterte Fluch
949 Alain, Das Glück ist hochherzig
950 Thomas Pynchon, Die Versteigerung von No. 49
951 Raymond Queneau, Heiliger Bimbam
952 Hermann Ungar, Die Verstümmelten
953 Marina Zwetajewa, Auf eigenen Wegen
954 Maurice Blanchot, Thomas der Dunkle
955 Thomas Bernhard, Watten
956 Eça de Queiroz, Der Mandarin
957 Norman Malcolm, Erinnerungen an Wittgenstein
958 André Gide, Aufzeichnungen über Chopin
959 Wolfgang Hoffmann-Zampis, Erzählung aus den Türkenkriegen
961 August Scholtis, Jas der Flieger
962 Giorgos Seferis, Poesie
963 Andrzej Kuśniewicz, Lektion in einer toten Sprache
964 Thomas Bernhard, Elisabeth II.
965 Hans Blumenberg, Die Sorge geht über den Fluß
966 Walter Benjamin, Berliner Kindheit, Neue Fassung
967 Marguerite Duras, Der Liebhaber
968 Ernst Barlach, Der gestohlene Mond
970 Christine Lavant, Gedichte
971 Catherine Colomb, Tagundnachtgleiche
972 Robert Walser, Der Räuber
974 Jan Józef Szczepański, Ikarus
976 Juan Carlos Onetti, Grab einer Namenlosen

Bibliothek Suhrkamp

Alphabetisches Verzeichnis